Na toll, lieber Gott!

Sr. Teresa Zukic

Na toll, lieber Gott!

Mein verrücktes Leben

benno VERLAG

Bibliografische Information Der Deutschen Bibliothek
Die Deutsche Bibliothek verzeichnet diese Publikation
in der Deutschen Nationalbibliografie;
detaillierte bibliografische Daten sind im Internet über
http://dnb.ddb.de abrufbar.

ISBN 978-3-7462-2387-2

Stammerstr. 11, 04159 Leipzig
www.st-benno.de
Umschlaggestaltung: Ulrike Vetter, Leipzig,
unter Verwendung eines Fotos von Sr. Teresa Zukic (privat)
Gesamtherstellung: Kontext, Lemsel (A)

INHALT

DIE SACHE MIT DEM SKATEBOARD

Niemand isst Heringsfilet mit Erdbeermarmelade. Heringsfilet ist Heringsfilet. Und Erdbeermarmelade ist Erdbeermarmelade. Ein Skateboard ist ein Skateboard. Und eine Ordensschwester ist eine Ordensschwester. Ordensschwestern brauchen Kniebänke, Gebetbücher und Rosenkränze. Aber keine Skateboards.

Sind Sie sich da so sicher?

Unter den Gegenständen, die ich heilig halte, befindet sich ein Gerät, das ich mein ganzes Leben lang niemals verkaufen, verschenken oder weitergeben werde: ein Skateboard. Es ist nämlich das Skateboard Gottes. Lachen Sie nicht. Ich erzähle Ihnen hier eine Geschichte, die Ihnen vielleicht unglaublich vorkommen wird. Sie ist mir selbst unglaublich vorgekommen; aber ich habe sie schließlich erlebt. Ein Skateboard spielt darin eine große Rolle und der liebe Gott spielt darin die Hauptrolle. Über das Skateboard hätte ich mich nicht weiter gewundert. Ich war einmal Leistungssportlerin. Skateboards und Rennräder gehörten da gewissermaßen zu meiner Grundausstattung. Was mich als theoretische und praktische Atheistin viel mehr bewegte, war diese Sache mit Gott. War es eine List? Oder gehört es zu den besonderen Vorlieben Gottes, die Menschen da zu packen, wo sie am besten zu packen sind? Bei anderen Leuten winkt er mit dem Zaunpfahl. In meinem speziellen Fall verbündete sich der liebe Gott mit einem Skateboard, um mich zu den Menschen zu bringen. Er benutzte noch ein paar andere Tricks, beispielsweise Rockmusik, Stepdance und die Drei-Sterne-Kochkunst. Darauf will ich später zu sprechen kommen.

Kein Wink Gottes hat mich so geprägt und mir so viele ungewöhnliche Lektionen erteilt wie mein/sein Skateboard. Ich nenne Ihnen nur ein paar: 1. Gott ist verdammt schnell. Er hat mich mit einer solchen Rasanz in sein Spiel geworfen, dass mir gar nichts anderes übrigblieb, als auf sein Brett aufzuspringen, das Tempo mitzugehen und meinen ganzen sportlichen Ehrgeiz dranzusetzen, dass es mich nicht herunterhaut. Manchmal wäre ich lieber zu Fuß gegangen. 2. Gott ist Freude und Leben. Er hat nichts mit toten Sachen und toten Leuten zu tun, nichts zu schaffen mit Muff und Staub und frömmlerischer Gestelztheit. Er ist Lust und Tanz, Bewegung und Musik. 3. Gott ist immer für eine Überraschung gut. Ich lasse mich gerne überraschen und komme seit Jahren aus dem Staunen nicht heraus. Wie das genau war mit dem Skateboard, das können Sie etwa in der Mitte des Buches lesen. Ich will Ihnen ja nicht schon alles in der Einleitung verraten. Aber Sie sollten vorab schon einmal meine „Reliquie“ kennen lernen.

Schwester Teresa Zukic

ICH BEKENNE MEIN GLÜCK

Ich bekenne, dass ich aufgrund eines Zufalls zum Glauben an Gott kam, weil ich Gott bis zu meinem 19. Lebensjahr nicht gesucht habe. Er hat mich gefunden. Ich bekenne, dass das Leben als Christin in einer Zeit schwer ist, in der viele Christen gar nicht mehr glauben, dass Gott persönlich in ihr Leben eingreift. Gott greift ein, ich habe es erfahren. Aber noch nie gab es so viele Atheisten unter Christen und Frommen.

Ich bekenne mich zu einem Gott, der das Leben über alles liebt, auch das „weltliche" Leben. Er ist die Wahrheit, die Freiheit und das Leben. Er ist ein Gott, der Humor hat und der auf die Herzen schaut und nicht die Gebete zählt.

Ich bekenne, dass ich alle verstehen kann, die nicht an Gott glauben können. Ich kann mit denen nachempfinden, die frustriert und resigniert über unsere Kirche und ihre Christen sind. Mit ihnen teile ich die Sehnsucht, dass eine Zeit anbrechen wird, in der nicht mehr Welt und Kirche voneinander getrennt werden, sondern Gott in allen Dingen zu suchen und zu finden ist.

Ich bekenne, dass ich diese Kirche liebe, trotz und gerade weil man an ihr oft kein gutes Haar mehr lässt, und es gibt für mich kein größeres Glück, als ein Kind der Kirche zu sein.

MY WAY, ODER:
WIE KONVERTIERT MAN MCDONALD'S MIT DEM HIMMEL?

Sport war mein Leben

Immer und immer wieder wurde ich nach meiner Bekehrung gefragt, und bald spulte ich meine Geschichte vor den vielen Interessierten, den Journalisten oder den Fernsehmoderatoren, den Jugendlichen oder den Neugierigen ab.
Es war, als würde ich sie mechanisch wiederholen und doch, in der Vergegenwärtigung des Geschehens, werde ich lebendig, spüre und sehe jene Berührung, die doch nicht in Worte zu fassen ist. Ja, es explodiert förmlich in mir, als wiederholte sich jener Zustand immer wieder, und ich erlebe die Betroffenheit meiner Zuhörer. Ich bin so unbelastet in das Christentum eingetreten. Ich wusste nichts von Gott, kannte keinen moralisch Strafenden, lebte nicht in einem schweren Zustand, wo man immerzu sündigte und auf Vergebung hoffte. Ich wuchs in einer aufregenden und modernen Welt als ein typischer Stadtmensch auf (falls es so etwas heute noch gibt), der Walt Disney liebte, gern zu McDonald's ging, der unbeschwert die Dinge hinnahm, wie sie sich eben zeigten, und so viel vom Leben wahrnahm, wie er eben konnte. Natürlich muss ich gestehen, dass ich nicht gerade eine „normale" Kindheit verlebte, was man an meinem Lebenslauf ersehen wird. Mir erschien er nicht ungewöhnlich zu sein, wenn er mir auch nicht ganz gewöhnlich schien. Meine Familie und ich kamen aus Kroatien nach Deutschland, weil mein Vater

als Fußballspieler entdeckt wurde. Ich war damals fünf Jahre alt. Deutschland wurde für uns eine neue Heimat, in der mein jüngerer Bruder und ich uns rasend schnell einlebten. Im Kindergarten lernte ich die deutsche Sprache. Ich beherrschte die deutsche Sprache innerhalb kurzer Zeit, schneller als meine Eltern. Bereits mit sechs Jahren traf ich eine Entscheidung, wie meine Kindheit aussehen würde. Ich wurde Kunstturnerin, denn meine sportliche Begabung war offensichtlich. Diese Jahre forderten viel Training, brachten aber auch häufige Reisen mit sich. Wir hatten zum Beispiel Wettkämpfe in Paris, und mir war es nie bang, von Zuhause wegzugehen. Wir wurden sehr selbständig erzogen, und ich nahm das Vertrauen wahr, das meine Eltern mir gaben. Auch meine Eltern waren nicht gerade „gewöhnlich". Sie erzogen uns mit einer ungeheuren Freiheit, die uns mit Liebe band, einer annehmbaren Strenge und nicht mit Angst. Mein Vater ist ein absoluter Risikomensch, der auf der Straße tanzt, wenn ihm danach ist, der immer neue Ideen hat, die er verwirklicht, wenn er auch schon öfters gescheitert ist. Meine Mutter, die uns in allem zur Wahrhaftigkeit erzog, begleitete mit ihrer großen Stärke unsere kleine Stärke. Von Religion allerdings, von Gott, der Kirche und Geboten, von Sonntagsgottesdienst und anderen religiösen „Begleiterscheinungen", wussten wir nichts. Mir schien es, als wäre der natürliche Menschenverstand mit einem großen, kreativen Herzen und unbändiger Lebensfreude unsere Religion gewesen. Unser südländisches Temperament war uns in die Wiege mitgegeben worden, und wir lernten von früh auf, großzügig zu sein, zu teilen und zu feiern. Kam ein Gast, so wurde das Beste aufgetischt, das wir hatten, und das reichlich. Ein guter Freund zu sein, war für uns mehr als nur ein Lebensgefühl, es war ein Stück Lebensinhalt. Wir wurden erzogen, jedem diesen Vorschuss an Grundvertrauen zu schenken, denn

immer kann aus einem Fremden ein Freund werden. Und aus einem Freund ein guter Freund.
Mit 13 Jahren musste ich eine schwere Enttäuschung verkraften. Durch den frühen Leistungssport waren meine Knochen wohl noch nicht ausgewachsen und meine rechte Hand fing an, sich durch die Belastung zu verformen. Nach mehreren Arztbesuchen kam dann die vernichtende Antwort: Ich müsste mit dem Kunstturnen aufhören, sonst könnte ich später meine Hand nicht mehr bewegen. Für eine Operation wäre ich noch zu jung. Schon damals entwickelte ich eine Abneigung gegen Ärzte. Diese Nachricht war ein schwerer Einbruch in meinem Leben. Ich hatte nie eine Auseinandersetzung mit dem Sinn des Lebens gehabt, nun hatte ich keinen Halt mehr. Meine Eltern wussten nicht, wie sie mich aufmuntern sollten, bis mich eine Bekannte zum Leichtathletiktraining einlud. Dienstags ging ich zu meinem ersten Training, am Samstag darauf war mein erster Wettkampf, bei dem ich gleich im Hochsprung den dritten Platz belegte. Meine Vielseitigkeit kam mir zugute. Ich wurde Mehrkämpferin, und das hieß Training, Kampf und Disziplin. Ein halbes Jahr später nahm ich schon zum ersten Mal an den deutschen Meisterschaften teil. Es folgten wunderbare Jahre mit persönlichen Erfolgen: Ich gewann die Badische Jugendmeisterschaft im Fünfkampf, wurde zweimal Vizemeisterin im Hochsprung und zugleich im Kugelstoßen, und gewann viele Wettkämpfe in verschiedenen Disziplinen, sodass ich in die Auswahl der Badischen Leichtathletik kam. Neben vielen Erfolgen und Auszeichnungen gab es auch Niederlagen und Rückschläge. Ich nahm ebenfalls an vielen Trainingslagern in verschiedenen Ländern teil und kam durch die Welt. Es waren wunderbare Jahre. Als ich letztens wieder einmal in mein geliebtes Stadion kam, entdeckte ich meinen Namen noch bei einigen Vereinsrekorden, die noch nicht überboten

wurden; das machte mich schon ein bisschen stolz. Ich hatte bis zu meinem 19. Lebensjahr nur Sport im Kopf, von da an auf einmal nur noch den lieben Gott. Ich war ehrgeizig und genoss eine unbeschwerte Jugendzeit. Ich wusste, was ich wollte: eine gute Mehrkämpferin werden, vorne mitmischen, soweit es ging, später Sport studieren, vielleicht Trainerin werden. Mein Leben war verplant. Ich kam auf ein Sportinternat, machte dort mein Abitur und bereitete mich auf meine weitere Karriere vor. Doch es kam ganz anders.

Die Nacht, die alles änderte

Es war eine ganz gewöhnliche Nacht in einem Sportinternat. Am nächsten Morgen stand ein wichtiges Basketballspiel bevor. Ich schlief ein, wie man eben so einschläft. Am Tag zuvor legte meine Mitbewohnerin einen Stapel Bücher in mein Zimmer, die sie aussortieren wollte. Gegen zwei Uhr früh erwachte ich ohne ersichtlichen Grund, döste und fand keinen Schlaf mehr. Erst hörte ich meine Lieblingsmusik (Queen), doch es half nichts. Dann schaute ich auf den Stapel Bücher und nahm das erste in die Hand. Vielleicht hilft ja lesen, um wieder müde zu werden. Dieses Buch sollte mein Leben verändern. Ich griff zur Bibel, in die ich vorher noch nie geschaut hatte, und schlug eine Seite willkürlich auf. Ich las die „Bergpredigt“ und vertiefte mich darin. Und nun fehlen mir die Worte. Ich wurde existentiell getroffen, konnte meinen Augen nicht trauen, spürte Glauben in mir und las die ganze Nacht bis zum Morgengrauen. Ich erfuhr von Jesus, von einem Gott, den er Vater nannte. Ich war davon betroffen, dass man auch die andere Wange hinhalten sollte, wenn man geschlagen werde, und ich dachte, so verrückt kann doch keiner sein. Ich las, wie Jesus Menschen heilte, wie er brutal ermordet wurde und wie seine Freunde behaupteten, er sei auferstanden. Ich war fasziniert von dem Gedanken, man sollte sich freuen, wenn man verfolgt wird. Bis zu diesem Zeitpunkt dachte ich, ein gelungenes Leben bestünde darin, geliebt und nicht verfolgt zu werden. Gott hatte mich gefunden. Ich hatte ihn von mir aus nie gesucht. Beim Basketballspiel am folgenden Morgen wurde ich schwer verletzt. Eine Gegnerin schlug mir in den Magen, und ich fiel zu Boden. Alles schrie schon, und als ich mich wieder aufraffte, stand sie vor mir. Mir fiel die Sache mit der „anderen Wange" ein, und ich beschloss, ihr etwas Nettes zu sagen. Früher hätte ich ihr bestimmt beim nächsten Angriff auch gezeigt, wo es langgeht. Jetzt spürte ich Licht und Frieden, und ich dachte mir: Es stimmt! Nach dem Spiel lief ich heim und las in der Bibel.

Es war alles so aufregend, als hätte ich einen kostbaren Schatz ausgegraben, den ich nun Stück für Stück betrachtete, und meine Freude darüber konnte ich kaum verschweigen. Nun gut, ich verstand noch nicht alles, manches erschien mir widersprüchlich, manche Wunder, von denen ich las, unbegreiflich. Aber in meinem Herzen ahnte ich – oder war es mehr als eine Ahnung? –, dass diese Botschaft stimmt. Hatte ich die Wahrheit gefunden, die ich nie gesucht hatte? Ich las immer wieder vom Beten, aber wie betet man? In der Bergpredigt stand: „Du aber geh in deine Kammer, wenn du betest, und schließ die Tür zu; dann bete zu deinem Vater, der im Verborgenen ist." Also schloss ich meine Tür ab und nahm mir vor, zu diesem „Vater" zu beten: „Hallo, Vater, hörst du mich?" Es ist nichts passiert, auch nicht, als ich es das zweite Mal sagte. Gar nichts, und ich dachte, beten kannst du noch nicht! Ich saß aber lange einfach da und dachte darüber nach, ich formte Worte, ließ sie wieder fallen, bis mir diese Gedanken kamen:

„Ich hielt die Wacht
die ganze Nacht
hab dich gerufen
um dich aufzusuchen
Ich hielt die Hände fest gepresst
damit du mich nie mehr verlässt
Ich hielt die Wacht
die ganze Nacht
hab dich gesehen
im Dunkeln stehn
Du warst so nah
bist immer da."

Vielleicht war es ein Gebet, bis heute habe ich es jedenfalls nicht vergessen. Im Übrigen erlebte ich meinen Alltag mit anderen Augen und hielt mich genau an die Anweisungen in der Bergpredigt.

Eine Meile? Nein, zwei!

Meine Freundin, mit der ich zusammen wohnte, fragte mich, ob ich frische Brötchen zum Frühstück holen würde, sie bräuchte einen „Sklaven". Ich war erst ein wenig gekränkt, aber dann fuhr ich mit meinem Fahrrad los, musste aber in zwei Geschäfte gehen, um die richtigen Brötchen zu bekommen. Waren das die zwei Meilen, von denen Jesus sprach? Oder war ich plötzlich zu naiv? Innerlich jedoch fühlte ich einen Frieden und eine Freude, die ich so noch nie kannte. Es sollte ein Abenteuer werden, mein kleiner unbedeutender Alltag, das spürte ich deutlich. Meine Begeisterung wuchs stündlich, und ich fand es auch nicht mehrtragisch, dass dieser „Vater“ nichts von sich hören ließ, wenn ich im abgeschlossenen Zimmer mit ihm redete. Er war ja im Verborgenen und wird seinen Grund dafür gehabt haben. Andererseits pflegte ich ihn mit seinen eigenen Worten festzulegen. Also wenn Jesus sagt, wir sollen bitten, und es wird uns gegeben, dann erwartete ich das auch mit einer unbeirrbaren Gewissheit, dass dies auch eintreffen würde. Er hat mich bis heute nicht enttäuscht. Was auch geschah, war zu meinem Besten. Manchmal drohte ich ihm auch, ihm nichts Liebes mehr zu sagen, wenn er nicht die Bitte erfüllen würde. Er ist schließlich Gott, und was sollte er nicht können. Manchmal geschahen auch Dinge, die unglaublich waren, aber das schien mir nichts Besonderes, ich glaubte ja daran. Jeden Morgen, wenn ich die Augen öffnete, versuchte ich den ersten Gedanken an diesen Gott zu richten, was auch gelang. Mehr jedoch staunte ich, dass ich auch noch nach Wochen an ihn glaubte. Nun, schließlich war ich 19 Jahre aufgewacht und hatte keinen Glauben. Was war das nur für ein Zustand? Läuft dies alles kognitiv oder nur emotional? Es ist auch heute noch schwierig zu sagen, was Glauben an Gott ist. Was es aber auch ist, es ist das Spannendste, was mir je passiert ist. Es ist eine bleibende Erfahrung des Getragen seins: Der, der nicht einfach antwortet, spricht ständig mit mir durch jeden Augenblick, jedes Ereignis und jede Begegnung.

Heute frage ich mich, was geschehen wäre, wenn ich das Kapitel mit Sodom und Gomorra in jener Nacht aufgeschlagen hätte. Wahrscheinlich, hätte ich gedacht, was soll der Mist – so was Brutales! Aber ich hatte die Bergpredigt aufgeschlagen. Tage und Nächte las ich sie immer wieder, bis ich viele Passagen auswendig wusste. Und jeden Tag staunte ich, dass diese Worte auch in mein Jahrhundert passten. Zur gleichen Zeit musste ich für mein Abitur Grundkurse nehmen und musste deshalb in der 12. Klasse auch den Religionsunterricht besuchen. Im Evangelischen Kurs war alles belegt, also kam ich in die Katholische Religionsklasse. Mir war schon ziemlich bange vor diesem Unterricht. Ich wusste ja gar nichts von der Religion, außer was man eben so allgemein mitgekriegt hatte. Der Religionslehrer war ein neuer junger Pfarrer, und in der ersten Stunde beeindruckte er mich sehr. Er sprach davon, wie Jesus freiwillig in seinen Tod gegangen sei. Ich hatte mich gemeldet und angezweifelt, wie ein Mensch so etwas tun könne, wenn er wüsste, dass er sterben müsse. Die Antwort des Pfarrers war verblüffend: „Er wusste, dass er weiterleben würde." Na klar, dachte ich, das klingt logisch, vorausgesetzt man glaubt. Mit diesem Menschen muss ich reden, dachte ich. Aber wie macht man das? Ich kannte mich nicht im katholischen Milieu aus und in das Pfarramt gehen, das wollte ich nicht. Also schrieb ich ihm einen kurzen Brief, ob er auch Leute besuchen würde, die nicht katholisch seien. Nachdem ich von einem Wettkampf zurückkam, erfuhr ich, dass ein Pfarrer nach mir gefragt hat. Ich war glücklich und entsetzt zugleich. Hatte ich mir eigentlich überlegt, was ich ihn fragen wollte? Dürfte ich ihm von meinem Nachterlebnis erzählen? – Vom Frühstück und den zwei Meilen? – Von jemandem, mit dem ich spreche, der aber nicht antwortet? Ob er mich auslachen würde? Ich nahm allen Mut zusammen und schrieb ihm noch einmal, dass es mir leid tue, dass ich nicht da gewesen sei und ob er auch zweimal zu jemandem käme. Und er kam.

Es war erst sehr schwer, in ein Gespräch zu kommen; also unterhielten wir uns über den Sport. Dann fasste ich doch Mut. Meine Befürchtungen waren unbegründet, er lachte mich nicht aus, sondern deutete mir mein Erlebnis als eine zwar ungewöhnliche, aber sehr konkrete Glaubenserfahrung. Manchmal schmunzelte er, als ich ihm meine kleine Glaubenspraxis erzählte, und versicherte mir, dass dies eine bezaubernde Art sei, mit dem lieben Gott umzugehen. Fürs erste war das genug. Ich würde sicher noch öfter mit ihm reden. Ich wusste damals nicht, dass dieser offene und tiefe Priester mich zur Taufe und zu einem wunderbaren Leben mit Gott führen würde, und ich ahnte nicht, dass auch schmerzliche Erfahrungen auf mich warteten.

Zum ersten Mal in der Kirche

An einem Wochenende ohne Wettkampf fasste ich den Mut, in die Kirche zu gehen. Ich wollte nur mal schauen, was da so abgeht. Ich kam mir fremd vor, viele schienen sich zu kennen, und ich fühlte mich angestarrt. Ich nahm Platz in der letzten Bank neben einem älteren Herrn. Die Sache ging los. „Aufstehen, setzen, knien" – wie im Sport, dachte ich. Eine Nummer an der Seite wurde angezeigt. Die Leute standen auf oder sie sangen. Vielleicht war das die Reihe, die zuerst anfangen sollte. Dann folgte eine längere Rede vom Pfarrer. Ich sah manche gähnen, und ein kleines Kind kletterte ununterbrochen an seiner Mutter hoch.
Was der Pfarrer sagte, verstand ich nicht alles, solche Worte hatte ich noch nie gehört, aber manches hatte Hand und Fuß, und das sagte ich auch meinem Nachbarn: „Gell!" Er schaute mich erschrocken an, worauf ich selbst erschrak und keinen Ton mehr von mir gab. Dann ging der Pfarrer zu einem großen Felsbrocken, und ich merkte, dass die Stimmung

plötzlich wechselte. Alle knieten sich hin. Ach dafür war die Fußstütze! Nein, knien werde ich mich nicht. Warum auch? Das habe ich noch nie außerhalb vom Training gemacht. Dennoch spürte ich etwas Geheimnisvolles, etwas Bewegendes. Der Pfarrer hielt etwas Weißes, Rundes hoch. Es hatte einen Spalt, und ich musste unwillkürlich an die „Spalttablette“ aus der Werbung denken, die sah genau so aus. Ob das Weiße auch so schnell hilft? Dann standen alle auf. Ich glaube, manche waren froh. Plötzlich kam Bewegung in die Kirche. Einzeln gingen alle aus der Bank und holten sich vorne etwas ab. Ich wäre schon neugierig gewesen, manche bekamen es in die Hand, manche direkt in den Mund. Ob das gut schmeckt? Etwas Besonderes konnte es jedenfalls nicht sein, denn als die Leute in ihre Bänke zurückkamen, machten sie merkwürdige Gesichter, bewegungslos, fast traurig. Komisch, denn kaum war der Gottesdienst vorbei, lachten die Leute und redeten und grüßten sich.
Als ich später erfuhr, dass das Weiße Gott sei, Jesus selber, war ich sehr erschüttert. Das Kostbarste, was es auf Erden gab! Ich litt lange darunter, dass ich nicht zur Kommunion gehen durfte, bevor ich getauft war. Ich würde Jesus anlächeln, wenn ich ihn empfangen würde. Da war ich mir ganz sicher. Mein erster Gottesdienst bleibt mir bis heute unvergessen. Ich hatte schon soviel in der Welt gesehen, halb Europa mit dem Sport bereist, kannte mich aus und kam mit etwas in Berührung, das mir so fremd war und das mir einmal mein Zuhause sein würde.

Ich mach da mit!

Immer wieder las ich in der Bibel und fing an, die wichtigsten Stellen zu unterstreichen. Bald entstand ein bunter Farbteppich auf den Seiten, mir kam irgendwie alles wichtig vor. Und dann die Sätze, die von der Taufe sprachen. Also machte ich mich zum ersten Mal auf den Weg ins Pfarrhaus. Ich klingelte, und als die Tür aufging, sagte ich ohne zu zögern: „Ich möchte ein Kind Gottes werden, ich möchte getauft werden." Der Pfarrer erwiderte: „Kommen Sie erstmal herein!" Nun begann meine Vorbereitung auf die Taufe, und ich bedauere heute als Gemeindereferentin, dass sich so wenige Zeit lassen mit dieser Vorbereitung, und dass auch die Kirche oft zu schnell handelt. Ein ungeheurer Reichtum steckt in diesem Christentum, in der Liturgie der Kirche, den Stufen der Eingliederung, den Symbolen, und welche Chance für alle Christen, einen solchen Weg mit Taufbewerbern zu gehen. Mein damaliger Pfarrer versuchte die Gemeinde in die Feier mit einzubinden, und jene Osternacht 1984 wurde wirklich ein Fest für mich.

Ich brauchte noch einen Paten. Also ging ich auf die Suche. Meine beste Freundin war zugleich meine Mitspielerin im Basketball, und ihr Vater war aktiver Christ in der Gemeinde. Bis zu diesem Zeitpunkt hatte ich mich noch nie dafür interessiert. Wenn wir sonntagmorgens bei ihr im Zimmer tratschten, ging ihr Vater in die Kirche. Er hatte schon lange aufgegeben, seine Kinder zum Gottesdienstbesuch zu zwingen. Die Mutter meiner Freundin war evangelisch, ging aber fast immer mit in die katholische Kirche. Gelegentlich, wenn ich zum Essen eingeladen war, bekam ich irgendwelche Probleme mit, was mich bis dahin aber kaum berührte. Warum auch? Wenn die Christen sich untereinander nicht verstehen, ist doch sowieso alles eine Lüge – in die Kirche zu gehen, damit man sieht, was sie anhaben, und dann scheinheilig und böse nach dem Gottesdienst zu sein! Das war meine Meinung. Das hatte für mich mit Menschen auf einem anderen Stern zu tun. Und nun? Ich würde diesen Christen fragen, der mir in der Zeit meines Sportinternates fast wie ein Vater geworden war. Ich dachte lange nach, wie ich es angehen wollte. Sie wussten ja alle noch nicht, was mit mir geschehen war. An einem Nachmittag, als wir alleine waren, fragte ich ihn plötzlich nach dem Glauben. Er schien total verblüfft, ließ sich aber darauf ein. Ich fragte ihm Löcher in den Bauch, und er versuchte zu antworten, erst wie er es als Lehrer gewohnt war, dann wie ein Begeisterter. „Ich brauche einen Paten, der mir hilft, ein Kind Gottes zu werden, ich brauche dich." Ich glaube, er hatte Tränen in den Augen, als er von meinem Glaubenserlebnis hörte, und er konnte es nicht fassen, dass ich ihn bat, mich im Glauben zu begleiten. Er wurde mein Pate, und es wurden aufregende Monate in unserem Leben. Ich hinterfragte ihn, und er hinterfragte mich. Manches tat weh, manches befreite, gemeinsam waren wir auf der Suche.

Rosenkranz statt Bio

Ich hatte unendlich viele Fragen, aber auch gleichzeitig Antworten in mir, von denen ich und andere nicht wussten, woher sie kamen. Mit jedem besuchten Gottesdienst, mit jedem Gespräch über den Glauben, mit jedem Gebet, mit jedem Ereignis in dieser Zeit wuchsen mein Glaube und meine Freude. Eines Tages schickte mir eine Ordensschwester, die ich kennen gelernt hatte, einen Rosenkranz mit der genauen Beschreibung, wie man ihn betet. An diesem Morgen hätte ich Biologie in der ersten Stunde gehabt. Doch der Rosenkranz erschien mir wesentlich bedeutender zu sein, um ihn auszuprobieren, als über irgendwelche Tierchen nachzudenken. Also schloss ich mich in mein Zimmer ein und betete ihn nach Anleitung. Es war eine wunderbare Erfahrung. Als ich anschließend zur zweiten Stunde in die Schule kam, hörte ich, dass Biologie an diesem Morgen ausgefallen war. Nun ja, welcher Gläubige würde sich darüber wundern? So ist das eben mit dem Himmel, dachte ich. Jede Kniebeuge, jedes Kreuzzeichen, jede Verneigung war für mich heilig. Es hatte alles mit diesem Gott zu tun. Die Kirche war ein wunderbarer Ort, der immer anders roch als alle anderen Räume. Alles veränderte sich, wenn man diesen Raum betrat. Oft sprang ich, wenn auch nur für Minuten hinein, wenn ich vorbeikam. Es war schön, wenn ich ganz alleine mit meinem neuen Freund, Gott genannt, zusammen war in seinem Haus. Doch ich brauchte nur aus der Tür zu treten, so entdeckte ich ihn auch. Ich muss ja vorher so blind gewesen sein! Jeder Tag war ein einziges Geschenkpaket. Ich brauchte die Pakete nur stündlich aufzumachen. Alles in mir schien sich verändert zu haben, auch wenn ich wie bisher meinen Alltag lebte. Am schlimmsten war jedoch das tägliche Training für mich. Ich wurde immer unkonzentrierter. Ich dachte beim Hürdenlauf über die Hürden nach, die ich noch überspringen musste. Beim Krafttraining fing ich an zu zweifeln, was ich tat. Nicht, dass es mir keine Freude mehr gemacht hätte, aber ich war nur noch mit halbem Herzen dabei. Und das kannte ich vorher nicht. Mein Leben bestand aus Sport, Training, Wettkampf, und nun aus Sport und Bergpredigt, Training und Gebet, Wettkampf und Gottesdienst. Ich brauchte plötzlich viel mehr Zeit für mich; Zeit, die ich vorher nur für die Schule und das Training hatte. Also musste ich sie abzwicken von Schule und Training.

Der innere Kampf

Mein Leben hatte so viel Sinn bekommen, meine Freude war grenzenlos. Vor lauter Begeisterung für diesen Gott erschien mir alles andere, was ich bisher getan hatte, als nichtig, obgleich ich eine wunderbare Kindheit und phantastische Eltern hatte, erfolgreich im Sport war und, und, und. Und dennoch hätte ich sagen mögen, dass ich vorher wie eine Tote gelebt hatte angesichts meiner neuen Erfahrung des Glaubens. In der Tiefe des Herzens öffnete sich etwas, das man mit Frieden bezeichnen könnte, aber das Wort sagt viel zu wenig. Da war nichts Oberflächliches mehr, nichts Sinnloses, alles hatte plötzlich eine Bedeutung und jedes Verhalten eine Konsequenz. Ein guter Geist war in mein Leben gekommen, und diesen guten Geist ersehnte ich von ganzem Herzen. Ich fing an, über mein Leben nachzudenken, über das Gute und das Böse, über die Sünde, über mein Versagen. Mein Vorteil war, dass ich ohne religiöse Vorurteile an diese wichtigen Fragen herangeführt wurde. Es geschah in aller Freiheit, und ich erkannte, dass Gott die Freiheit, die Wahrheit und das Leben ist. Natürlich lernte ich Menschen in meiner ersten Gemeinde kennen, bei denen alles anders war, als ich es erfahren hatte. Ihr Christentum erschien so dumpf, als wenn immer eine Riesenlast darüber hinge, weil alles um die Sünde kreiste. Das Leben konnte nie fröhlich sein, es gab immer eine Schuld, für die man Buße tun musste. Der Glau-

be an eine Erlösung der Schuld wurde aber nicht deutlich. Dieses Bedrückende habe ich selbst nie empfunden. Ich fand, dass die Christen doch etwas Unglaubliches in Jesu Tod und Auferstehung hatten. Er würde immer bei uns sein, und gerade dann, wenn es uns nicht gut ging, auch dann, wenn wir schuldig würden, auch dann, wenn wir uns von ihm entfernen. Warum konnten die Christen nicht fröhlicher sein? Hatten sie nicht Grund genug dazu? Und dennoch sollte ich dem Bösen begegnen. Noch nie hatte ich über so etwas nachgedacht. Ich meinte, das Böse sei doch in Horrorfilmen, die ich sowieso nicht anschauen konnte. Satan und der Teufel, das schien mir doch alles etwas übertrieben! Bis ich anonyme Briefe erhielt. Ich sollte mich nicht taufen lassen, die Kirche sperre nur ein, und so weiter. Ich hielt das alles für einen Witz, aber die Briefe wurden immer hässlicher. Als ich eines Tages zur Schule ging und an einer großen Hecke vorbei kam, bekam ich Dreck ins Gesicht geschleudert, dass ich taumelte. Und einmal wurde ich von einem Auto verfolgt. Erst dachte ich, ich würde mir das nur einbilden, aber am Gründonnerstag, als ich spät aus der Kirche kam, hätte mich fast ein Auto überfahren, ich stürzte gerade noch zur Seite.
Es schien, als sollte meine Taufe verhindert werden. Ich konnte mir die Nummer des Autos merken. Die Polizei hat herausbekommen, wer es war. Ich habe aber auf eine Anzeige verzichtet; das hätte zu meinem Weg, ein Christ zu werden, nicht gepasst. Wir stellten fest, dass dieser Mensch aus der Kirche ausgetreten war und nicht ertragen konnte, dass ein Mensch so begeistert von der Kirche war. Je näher die Taufe auf mich zukam, desto stärker kamen auch Angstgefühle. Ich hatte Alpträume, mich überkam auch Entsetzen, das ich so nicht gekannt hatte. Auch hatte ich Schuldgefühle über kleinste Sünden, wenn ich jemand nicht richtig zugehört hatte und dann die Unwahrheit sagte. Ich erschrak,

wenn ich darüber nachdachte, und war untröstlich, Gott jetzt damit verraten zu haben. So gerne hätte ich gebeichtet, aber das konnte ich ja noch nicht. Manchmal hatte ich den Eindruck, unter meiner Haut wäre eine weitere Haut, und ich würde gerne wie bei einem Reißverschluss diese erste Haut ausziehen, damit ein anderer Mensch herausschlüpfen könnte. Das alles war nicht leicht einzuordnen. Keiner, der mich begleitete, nahm meine inneren Kämpfe auf die leichte Schulter. Wenn es den Heiligen Geist gibt, dann gibt es auch den bösen Geist. Es ist ein Kampf in uns, für wen wir uns entscheiden. Man wird so sensibel für diese Dinge, wenn man sich auf das Übernatürliche einlässt.

Die wunderbare Osternacht

Nun war es soweit. Die erste Nacht meines neuen Lebens. Um fünf Uhr früh fing die Feier an. Vor der Kirche brannte ein Feuer, an dem das Osterlicht angezündet wurde. Ich hielt einen braunen Umschlag in der Hand. Im Umschlag hatte ich alle Sünden meines bisherigen Lebens aufgeschrieben, jedenfalls soweit ich mich erinnern konnte. Dieser Umschlag wurde ins Feuer geworfen als Symbol eines neuen Anfangs. Dann zogen wir in die Kirche. Meine Gemeinde, meine alten und neuen Freunde und ganz viele Jugendliche aus dem Bekanntenkreis des Pfarrers waren gekommen. Sogar meine Eltern waren dabei, auch wenn es ihnen sichtlich schwer fiel, meinen neuen Lebensweg nachzuvollziehen. Schließlich gab ich mit diesem Schritt auch meinen Sport auf und meine Lebenspläne. Ich wollte in dieser Nacht Gott mein Leben anvertrauen. Der Kirchenchor sang die Allerheiligenlitanei, und ich legte mich vor den Altar. Ja, ich brauchte die Hilfe aller Heiligen, um eine gute Christin zu werden. Der Pfarrer sagte mir, bei meiner Taufe sollte ich mir sagen, dass Gott mich innerlich ansprechen würde: „Du bist meine geliebte Tochter." Aber ich brauche es mir nicht einzureden. Vor Freude und Frieden konnte ich gar nichts mehr sehen. Ich bin ein Kind Gottes. Ich bin Christin. Alle Schuld ist weg! Nach der Taufe wurde mir ein weißes Gewand angezogen. Die Jugendlichen sangen das zu Herzen gehende Lied: „Gottes Liebe ist wie die Sonne, sie ist immer und überall da." Ich war von der Gewissheit, ewig zu leben, so erfüllt, dass ich mich umdrehte und allen zurief: „Ich werde ewig leben!" Meine Freude war unbeschreiblich. Nach der Taufe empfing ich die Firmung. Soviel Gnade auf einmal! Ich empfand es wie ein Brandzeichen. Du, Gott, wirst mich nie mehr mit deinem Geist verlassen, wenn ich dich nicht verlasse. Und dann kam ein nächster Höhepunkt: meine Erstkommunion. In den letzten Wochen vor der Taufe hielt ich es gar nicht mehr bis zum Schluss im Gottesdienst aus, weil ich noch nicht zur Kommunion durfte. Bei der Vorbereitung erfuhr ich, dass in der frühen Kirche die Taufbewerber nach dem Wortgottesdienst hinausgeschickt wurden. Ich konnte verstehen warum.

Als ich die Kommunion empfing und betete, da versprach ich Gott, mein Leben ganz auf ihn auszurichten. Auch wenn ich nicht wusste, wohin er mich führen würde. Ich wusste, ich hatte mich auf den Tod Jesu taufen lassen, also auch auf sein Kreuz. Es würde sicher kein einfaches Leben werden als Christin. Als wir aus der Kirche kamen, ging gerade die Sonne auf, so wie in meinem Leben.

Gott prüft den Glauben

Gott hatte mir einen Löffel mit Honig in den Mund geschoben und zog ihn nun langsam wieder heraus. Bisher hatte Gott mir viele Begleiter zur Seite gestellt, nun sollte ich mich alleine bewähren, und es fiel mir am Anfang sehr schwer.

Nach dem Abitur machte ich ein Soziales Jahr; meine Eltern akzeptierten meinen Weg nur mit Mühe. Ich arbeitete in einem weit abgelegenen Familienferienhof und Bildungshaus. Das Haus wurde von Schwestern eines Säkularinstitutes geleitet. Die Schwestern nahmen mich herzlich auf und ich konnte an ihrem Gebetsleben teilnehmen. Viele wunderbare Begegnungen wurden mir geschenkt, und ich entdeckte viele Talente in mir, die ich vorher nicht kannte. Ich hatte doch bisher nur Sport getrieben. Nun fing ich an, mit Menschen umzugehen, zu malen und vor allem zu schreiben. Ich schrieb Tag und Nacht, in jeder freien Minute und verschlang religiöse Bücher, doch in den wenigsten fand ich Hilfe für meine Erfahrungen. Ich betete viel, manchmal schloss ich mich sogar nachts in die Kapelle ein und sprach mit ihm, dem ich doch gehörte.

Was hatte ich aufgegeben, was hatte ich hinter mir gelassen? Wenn ich manchmal im Fernsehen eine Sportsendung sah, dann schaute ich das Kreuz an der Wand an und fragte mich, was ich jetzt ausgetauscht hatte, aber vor allem, wie es weitergehen sollte. Ich hatte viel Zeit zum Nachdenken, manchmal war ich bedrückt, manchmal überglücklich. Eines Tages, ich war gerade beim Zimmerputzen, überkam mich ein schrecklicher Gedanke: Ich bin von Gott verdammt! Ein bitterer Schmerz durchzuckte mich, und diese Vorstellung machte mich völlig konfus. Wie sollte das sein? Gott ist doch die Liebe. Nur mit Mühe hielt ich diesen Tag durch, rannte in die Kapelle, und dieser Gedanke verfolgte mich. Meine Sünden standen mir vor Augen. Ich kam mir wie der schlimmste Beleidiger Gottes vor. „Aber Gott, warum solltest du mich erst zu dir bekehren, um mich dann zu verdammen? Hätte ich doch nie etwas von dir erfahren! Aber wo soll ich denn hin, wo gibt es einen Ort, wo du nicht bist? Und selbst wenn ich sterbe, wo könnte ich dir entfliehen?“ Ich habe die nächste Nacht auf dem Fußboden verbracht, gebetet und gefleht, er möge mich doch nicht fallen lassen. Am nächsten Tag, als ich wieder die Zimmer reinigte, fiel mein Blick auf das Kreuz. Ich hörte etwas in mir sprechen, und es überkam mich tiefster Frieden. Jetzt wusste ich es mit einer Gewissheit, die mich bis heute nicht verlassen hat. Ich kann an mir zweifeln, an meinen Mitmenschen verzweifeln, von der Kirche enttäuscht werden, über das Leid in der Welt wahnsinnig werden, aber niemals mehr, niemals mehr, kann ich an diesem Gott zweifeln, und daran, dass er mich liebt. Ich glaube, die schlimmste Eingebung des Teufels ist dieser Zweifel, dass wir nicht geliebt sind. Selbst wenn wir befürchten, dass wir verdammt sind, sollten wir noch wissen, dass er uns liebt. Später einmal schrieb ich den Satz: „Und wenn es Gott nicht gäbe, ich würde dennoch an ihn glauben.“ Das war mein Glaubensbekenntnis und meine bitterste und zugleich aufrichtigste Erfahrung meines Versagens und des Erbarmens Gottes an mir. Was immer ich auch tun werde, diese Botschaft seiner Liebe wird in meinem Mund sein, und so möchte ich den Menschen begegnen. Ich bin ein schwacher Mensch, aber mit Gott bin ich alles.

GOTT LIEGT AUF DER STRASSE

Der Weg ins Kloster

Vieles in dieser Zeit konnte ich nur schwer einordnen. In Zeiten der Einsamkeit schrieb ich wunderbare Gedanken über Gott, von denen ich nicht wusste, wo sie herkamen. Ich war unsicher, meine Bekehrung war schon ungewöhnlich, wenn ich nun mit solchen geschriebenen Dingen zu jemandem käme, was würde der sagen? Ich habe einmal vor lauter Verzweiflung Hunderte von Seiten über Wahrheiten und Geheimnisse des Glaubens verbrannt, sie später aber wieder aufgeschrieben. Ich spürte in dieser Zeit eine Unruhe, wohin mein Weg führte, und merkte, dass immer wieder Gedanken von einem Leben im Kloster in mir aufkamen. Zuerst dachte ich daran, mich in ein kontemplatives Kloster zurückzuziehen, in dem man sich ganz Gott im Gebet widmet, da mir das kontemplative Gebet sehr lag. Deshalb besuchte ich einige dieser Klöster. Der Ruf in mir wurde immer stärker. Doch suchte ich noch nach Gewissheit. Ich schrieb Altbischof Eduard Schick von Fulda, dessen Erfahrung im geistlichen Leben ich schätzen gelernt hatte, der mich auch schon kannte und um mich wusste. Ich war aufgeregt, als ich den Brief mit seiner Antwort in den Händen hielt. Es war ja erst ein halbes Jahr nach meiner Taufe, und ich hatte Sorge, ob ich schon dazu fähig war, auch wenn meine Sehnsucht sehr groß war, diesem Gott zu dienen. Seine Antwort war eindeutig, er befand meine Berufung als echt, und er schrieb, dass er Frieden verspüre, so oft er für mich betete. Ich bat Gott, mir nun das richtige Kloster zu zeigen. In dieser Zeit fiel mir eine

Lebensbeschreibung des heiligen Vinzenz von Paul in die Hände. Ein Satz ließ mich nicht mehr los: „Eure Klausur sind die Straßen der Stadt, eure Kapelle die Pfarrkirche und eure Zelle eine Mietwohnung." War es nicht das, was ich eigentlich suchte? Ich erkannte, wie wertvoll das kontemplative Leben ist. Aber hatte mir Gott nicht so viele Fähigkeiten geschenkt, um den Menschen dienen zu können? Damals ahnte ich nicht, wie sehr mich die Suche nach Gott in der Welt und auf den Straßen verfolgen würde. Es sollte sich wie ein roter Faden durch mein ganzes Leben ziehen. Jetzt zog mich dieser Gott erst einmal in das Kloster.
Ich brauchte Gewissheit und betete viel. Wird mich der Orden überhaupt aufnehmen? Ich war erst ein halbes Jahr Christin. Ich konnte nur auf mein Herz hören, und ich war bereit, mein Leben zu geben. Ich bat Gott um ein Zeichen, ob ich es wagen könnte. Ich bat ihn um Frieden, jenen Frieden, mit dem er mich zum Glauben geführt hatte. Gott lässt sich für gewöhnlich Zeit mit seinen Antworten und oftmals spricht er durch viele Dinge, die wir nicht durchschauen. Aber Antwort gibt er immer. Bei einem Spaziergang kam mir in Form eines Bildes die Zusage. Ich sah eine kleine Schatzkiste, die sich öffnete, und aus der Kiste kam ein Kreuz, an dem ein Ring hing. Das Bild war für mich so eindeutig, dass ich keine Zweifel mehr hatte. Ich sagte Gott mein Ja, aber er müsse das mit dem Kloster selber regeln, dafür sei er jetzt zuständig.
Ich entschied mich, in einen tätigen Orden einzutreten, und meldete mich im Mutterhaus der Barmherzigen Schwestern in Fulda an. Da ich Bedenken seitens des Klosters wegen meiner ungewöhnlichen Glaubensgeschichte befürchtete, bat ich einen angesehenen Priester, mich bei der Vorstellung zu begleiten und zu unterstützen. Die Generaloberin, die Leiterin der gesamten Ordensgemeinschaft, hatte ein offenes

Ohr für mich, und ich bekam Vertrauen zu ihr. Ich wusste, dass es für sie nicht einfach sein würde, aber wie viel schwerer war es für mich: Ich musste meine Entscheidung noch meinen kritischen Eltern beibringen.

Wie sag ich's meinen Eltern?

Nach Hause zu fahren, bedeutete für mich das größte Glück, denn ich fahre zu den wunderbarsten Eltern der Welt, und vor allem zu einer starken, leidenschaftlichen und liebevollen Mutter. Jedoch diese eine Heimfahrt war für mich das Schwerste und Bedrückendste, das Gott mir bis dahin abverlangte. Wie erkläre ich meinen modernen, dem Religiösen fernstehenden Eltern, meinen Lebenswunsch, Ordensschwester zu werden? Ich, die ich das Leben über alles liebte, Freunde und Erfolg in der Welt hatte, die ich so kreativ war, das Reisen liebte, Kino und gutes Essen. Ich hatte mich so verändert, und meine Eltern ahnten dies mehr, als sie es wussten. Ihre Tochter gab alles auf, wofür sie gelebt und alles investiert hatten: den Sport und ihr glückliches Leben. Ich hatte während der ganzen Zugfahrt Bauchweh, und als die Beiden mich am Bahnhof abholten und mich mit ihrer Elternliebe überhäuften, mit einem wunderbaren Abendessen in einem feinen Restaurant überraschten, schwand mein Mut, ihnen diese Hiobsbotschaft, die für mich alles Glück der Welt bedeutete, gleich zu offenbaren. Morgen werde ich es ihnen sagen, dachte ich, doch es kam anders. Es war schon spät, als wir nach Hause kamen, doch wir machten es uns noch etwas gemütlich. Mein Vater las die Zeitung, meine Mutter und ich schauten Fernsehen. Dann kam die Frage aus dem Mund meiner Mutter, die ich nicht nur befürchtete, sondern vor der ich schreckliche Angst hatte. „Was machst du jetzt, wenn du das Soziale Jahr beendet hast?“ Mein Vater schaute für einen Moment über seine Zeitung, als wartete er eine kurze Antwort ab, um sich wieder hinter der Sportseite zu verbergen. Mir war ein Kloß im Hals. „Ich weiß, was ich tun werde – ich, ich werde Ordensfrau, ich geh ins Kloster.“ Das war ein Schlag für sie! Mein Vater lies die Zeitung fallen, und mir kam das Schweigen, das ich verursacht hatte, wie eine Ewigkeit vor. Als meine Mutter sich vom ersten Schock gefasst hatte, fing sie an nachzufragen, und ich versuchte, so gut ich konnte, von dem zu reden, an den meine Eltern nicht glaubten. Die Taufe hatten sie ja akzeptiert, viele Kollegen im Büro meiner Mutter waren katholisch oder evangelisch. Aber jetzt! Ihre Tochter wollte Nonne werden! „Du hast doch den Film mit Audrey Hepburn gesehen?“ Ich fühlte mich mit jeder weiteren Frage in die Enge getrieben. Es wurde immer existenzieller. „Liebst du uns nicht mehr?“ Diese Frage meiner Mutter traf hart. Wir weinten beide. Ich flehte innerlich zu diesem Gott, und der einzige Gedanke, der mir kam, war: „Wer Vater oder Mutter mehr liebt ...“ Oh nein, bitte nicht dieser Satz! Doch ich konnte keinen anderen denken. Meine Mutter würde diesen Gott hassen, wenn ich diesen Satz laut sagen würde. Ich liebte jemanden, den ich nicht sehen konnte, mehr als meine Mutter. Dies könnte sie mir niemals verzeihen. Gegen drei Uhr früh brach ich das Gespräch ab. Keiner von uns schlief in dieser Nacht.

Heute kann ich meine Mutter nur bewundern. Auch wenn sie meinen Weg damals nicht verstanden hat, so hat sie eine Größe und Toleranz entwickelt, die beispielhaft ist. Trotz der Zeit, die sie gebraucht hat, trotz der Tränen und der Zweifel liebt sie mich und nahm an meinem Leben teil. Ihre Toleranz als Nichtgläubige ist größer, als ich sie von manchen Christen später erfahren habe.

Marathon in der Kapelle, oder: 1000 Gedanken über Gott

Meine zukünftige Generaloberin war der Meinung, ich sollte vor meinem Eintritt in das Kloster doch noch ein Gespräch mit einer im geistlichen Leben erfahrenen Frau führen, damit wir ganz sicher gehen könnten, ob mit meiner Berufung alles in Ordnung gehe. Meinte sie einen psychologischen Test? Ich war erschrocken und fragte sie, ob sie meinte, dass ich verrückt wäre?

Es war ihr sichtlich unangenehm. Sie konnte ja sicher ebenso wenig wie ich ahnen, was Gott damit auslösen würde. Ich ließ mich darauf ein und rief diese mir unbekannte Frau an und wollte mich mit ihr zu einem Gespräch verabreden. Sie jedoch sagte: „Sie wollen also Einzelexerzitien bei mir machen?“ Na, das wurde ja immer bunter, dachte ich. Spontan sagte ich: „Nein.“ Erstens wollte ich in dieser Zeit eine Jugendwallfahrt nach Assisi machen, und zweitens sollte ich doch bloß ein Gespräch führen! Noch heute kann diese gute Schwester über dieses „Nein“ lachen. Gott hatte mich mit einem wunderbaren Menschen zusammengeführt. Unser Gespräch dauerte ein ganzes Wochenende, aber nach einer Stunde bestätigte sie mir, dass ich ganz beruhigt sein könnte; ich sei ganz und gar von Gott geführt. Meine Berufung sei echt.

Sie lud mich erneut zu diesen Einzelexerzitien ein. Eigentlich pflegte sie diese Exerzitien nicht mit so jungen Menschen zu halten. Na ja, was sollte ich machen? Aber ich warnte sie, sie müsste sich auf Überraschungen gefasst machen. Was würde Gott bei dem Tempo, das er vorgab, machen, wenn ich nun zehn Tage in der Stille mit ihm verbringen würde!

Wir waren eine kleine Gruppe von sechs Teilnehmern mit einem Pfarrer, der ebenfalls an diesen Exerzitien teilnahm. Wir schwiegen den ganzen Tag, bekamen einen Text als Impuls von unserer Begleiterin und hatten eine Stunde Zeit zum Gespräch mit ihr, über die Erfahrungen, die sich in diesen schweigenden Stunden für uns ergeben hatten. Nun, ich setzte mich in die Kapelle, ahnungslos, was jetzt geschehen sollte. Ich hatte keine großen Erwartungen. Gott hatte mich ja bis dahin mit so vielen Gaben gesegnet, mit der Taufe und meiner Berufung, was sollte er mir noch schenken? Ich beschloss also, für ihn da zu sein. Ich verbrachte täglich mindestens acht Stunden in der Kapelle. Es war keinen Moment langweilig! Im Gegenteil. Als ich so dasaß, kam mir ein Gedanke: „Gott will von den Menschen nicht wie ein Diamant in einem Schaufenster bewundert werden, er will in allem gegenwärtig sein." Ach, dachte ich, das ist ein schöner Gedanke, am besten ich schreibe ihn gleich auf. Nur ein paar Sekunden später sah ich ein Spinnennetz, und ich „dachte": „Ich würde Gott gerne in die Falle laufen." Und wieder ein paar Sekunden später: „Gott ist der Kapitän auf meinem kleinen Schiff." So ging es weiter, Gedanke für Gedanke. Meine Begleiterin war ebenso verblüfft wie ich, und sie ermutigte mich, darin fortzufahren. Nach zehn Tagen waren es nicht 100 Gedanken über Gott gewesen, nein, es waren über 1000, die mir geschenkt wurden. Ich liebte Gott mit jedem dieser Gedanken, konnte kaum eine Mahlzeit zu mir nehmen, so erfüllt, oder so verliebt war ich in diesen Gott. Zehn Jahre ruhten meine Verse, bis ein ganz kleiner Auszug in dem Buch „Die kleine Nonne" veröffentlicht wurde. Aber das war noch nicht alles.

Midlife-crisis eines Pfarrers

In einem meiner Gespräche mit meiner Begleiterin fragte sie mich plötzlich, ob ich für jemanden, der Hilfe benötigte, mein Schweigen brechen würde. Sie war der Ansicht, dass meine Freude, ein Kind Gottes zu sein, für jemanden heilsam sein könnte. Sie redete vom Pfarrer in unserer Gruppe. Mir war schon aufgefallen, dass er sehr traurig war und oft weinte. Nur wusste meine Begleiterin nicht, dass ich diesem mir unbekannten Pfarrer schon am zweiten Tag eine Karte unter die Tür geschoben hatte. Darauf hatte ich geschrieben: „Nein, nein, Sie halten sich noch zu sehr an sich fest, aber es wird Ihnen nichts nützen. Er wird Sie aufsaugen wie einen kleinen Tautropfen." Ich ließ mich gerne auf ein Gespräch ein, auch wenn ich mich wunderte. Wir sollten doch schweigen. Aber war das nicht wieder eine biblische Szene? Ich erinnerte mich an die Jünger Jesu, die Ähren am Sabbat abrissen, wie sie Hunger hatten. Die Frommen seiner Zeit hatten ihnen sofort eine Gesetzesübertretung vorgeworfen. Jesus aber erwiderte, dass der Sabbat für den Menschen da sei, und nicht die Menschen für den Sabbat! Auch ich wollte für diesen Menschen da sein, der so zerstört aussah.

Wir machten einen langen Spaziergang, und ich erzählte dem Pfarrer von meiner Bekehrung, meinem unerschütterlichen Glauben und meinem Umgang mit Gott. Der Pfarrer war sehr berührt, denn er kam sich ganz verloren vor. Er war ausgebrannt, aufgezehrt von den Erwartungen und Ansprüchen, die ihn innerlich auffraßen. Bei den unzähligen Aktivitäten seiner „Musterpfarrei" kam er sich vor wie eine Marionette. Das Unbefriedigtsein machte sich in Zornesausbrüchen Luft. War das ein Wunder, fragte ich mich? Er musste sich ständig Kritik anhören. Es gab mehr Gerüchte und

Vorwürfe als Anerkennung. Das Schlimmste war, dass dies von einigen Mitgliedern seiner Gemeinde kam. War er eine Ausnahme? War die Gemeinde eine Ausnahme? Bemerkte eigentlich jemand, wie es ihm wirklich ging? Er wusste es, glaube ich, selber nicht mehr. Er hatte einen Mechanismus entwickelt, eine Mauer um sich zu bauen, um sich zu schützen, und er gestand mir, dass er sich fühlte, als säße er hinter einer Glaswand. Ich reagierte spontan und versicherte ihm, dass ich der Stein wäre, der diese Glaswand zerstören würde. Woher ich diese Sicherheit nahm, weiß ich heute nicht mehr. Aber er litt ja am meisten darunter, dass es in seiner Arbeit um alles ging, aber kaum noch um seinen Glauben und Gott. Wer hatte ihn zuletzt nach seinem Glauben gefragt? War er nicht deswegen Pfarrer geworden? Nun sprach er mit einem Kind, dem es nur um diesen Glauben ging.

Es folgten noch mehrere Gespräche und nach jedem Gespräch dachte ich, so einem Pfarrer könntest du dich anvertrauen. Jemand, der so viel innere Nöte und Abgründe selbst gesehen und durchlebt hatte, der hat Erbarmen Gottes in sich. Er hatte seine Schwäche erkannt, und ihm konnte man sich in einer eigenen Schwachheit anvertrauen. Ich dachte, dass Gott mit diesem Menschen sicher noch Großes vorhatte. Als er wegfuhr sah ich ihn lachen. Ich glaube, er war auf dem Weg, seine Mitte wiederzufinden.

Pfarrer Franz wurde mein bester Freund, mein geistlicher Begleiter durch die Klosterjahre, mein Bruder, und mit ihm gründete ich zehn Jahre später meine eigene Gemeinschaft. Gott hatte uns zusammengeführt.

Erfahrungen im Kloster

Ins Kloster eintreten zu dürfen, war das größte Geschenk Gottes für mich, und ich glaube, ich war der glücklichste Mensch der Welt. Niemals werde ich die ersten Stunden vergessen. Es war, als sei ich am Ziel, auch wenn es erst den Anfang bedeutete. In ein Kloster eintreten heißt eben nicht, dass nun alles entschieden ist, sondern es ist ein Weg des ständigen Gehens, Suchens, Verweilens und Aufbrechens. Ich bin in ein Kloster eingetreten, weil ich an Gott glaube, weil ich für und mit diesem Gott leben wollte. Ich bin in das Kloster eingetreten, weil ich diesen Schritt in einer Gemeinschaft innerhalb der Kirche tun wollte, mit und für die Menschen. Für mich bedeutete der Eintritt in eine Gemeinschaft das Glück meines Lebens. Ich war in eine Atmosphäre geistlichen Lebens eingetreten. Hier ging es um Gott, hier brauchte ich nicht mehr aufzupassen, was ich sagte. Hier glaubten alle. Als ich in mein Zimmer trat, legte ich mich auf den Boden, so hatte ich es mir vorgenommen, und gab mein Leben erneut Gott, wie ich es bei meiner Taufe getan hatte. Vieles hatte ich mir vorgenommen, und ich war offen und bereit für alles, was mich erwartete. Alles war aufregend. Jetzt gehörte ich hier dazu. Ich war nicht mehr zu Besuch, ich war im Postulat – das ist die erste Probezeit im Kloster – und nun sollte es losgehen. Nachts schlich ich mich oft in die Kapelle und dankte Gott, es war, als atmete ich seine Gegenwart mit jeder Faser ein. Der Eifer und die Begeisterung der ersten Monate sind ein geschenktes Startkapital von Gott, mit dem man manche Hürden überspringt, nicht kleinlich ist, selbst wenn man Dinge und Entscheidungen nicht verstehen kann. Man fühlt sich bereit zum Dienen und Gehorchen und glaubt, dass man auf dem richtigen Weg ist. Ich glaubte

am Anfang als junge Schwester, dass ich viel schneller vollkommen würde als andere. Das war ein jugendlicher Trugschluss, über den erfahrene Schwestern schmunzeln konnten und mit Verständnis reagierten. Ich kann die Fülle des Reichtums in diesen ersten Jahren im Kloster nicht beschreiben. Es sind geistliche Erfahrungen und Eindrücke, die mich geprägt und mein weiteres Leben bestimmt haben.
Es braucht seine Zeit, bis man sich an den Tagesablauf eines Klosters gewöhnt. Unser Tagesablauf bestand aus einem täglich wiederkehrenden Rhythmus von Gebet und Arbeit, von Unterricht und Einübung in das geistliche Leben.
Um 5 Uhr standen wir auf, und jede Schwester hatte eine Stunde Zeit für die persönliche Meditation über einen Bibeltext. Dann folgten das gemeinsame Gebet in der Gemeinschaft und die Heilige Messe. Gegen 7 Uhr wurde gefrühstückt. Nach der darauffolgenden Schriftlesung wurden wir für die tägliche Arbeit eingeteilt, die im ersten Jahr hauptsächlich in hauswirtschaftlichen Arbeiten bestand. Gegen 12 Uhr war ein kurzes Mittagsgebet und das Mittagessen. Anschließend hatten wir eine Stunde Ruhe. Dann war unsere Musikübungsstunde – ich lernte Konzertgitarre, spielte aber auch leidenschaftlich gerne E-Gitarre –, Kaffeepause und Unterricht. Um 17 Uhr wurde der Rosenkranz gebetet, darauf folgte eine persönliche Anbetungszeit, bis man sich wieder zum gemeinsamen Gebet, der Vesper, in der Gemeinschaft versammelte. Nach dem Abendessen gegen 19 Uhr hatten wir ein wenig persönliche Freizeit und danach das Nachtgebet. Gegen 22 Uhr sollten wir das Licht ausschalten. Damit hatte ich am Anfang große Probleme, denn ich war bis zum Kloster ein absoluter Nachtmensch.

Eifersucht, Neid, Bosheit

Es dauerte etwa ein halbes Jahr, bis ich einige Veränderungen an mir beobachtete. Bis dahin betete ich viel und bemühte mich, meine Arbeit, so gut ich konnte, zu verrichten. Ich war zufrieden mit mir und hoffte, dass es die anderen auch seien. Doch wenn man auf so engem Raum zusammenlebt wie wir junge, eifrige Anfängerinnen mit nur einer Bezugsperson, nämlich der Novizenmeisterin, welche die jungen Schwestern ausbildete, dann tauchen plötzlich Gefühle auf, die man vorher an sich nicht kannte: Nach einem halben Jahr regt dich auf, wie die andere ins Brötchen beißt, was für eine Kniebeuge sie macht, wo sie bevorzugt wird, in welche Fehler sie wieder hineinfällt. Auf einmal spüre ich Eifersucht, Neid, Bosheit in mir. Wo kam das nur her? Was war das für eine Kleinlichkeit, in der ich mich befand? Heute weiß ich, dass ich mich damals in einem ganz wichtigen Prozess befand. Ich lernte mich wirklich kennen, wie ich war. Ich war ein wunderbarer, talentierter Mensch, aber ich war auch schwach, menschlich, sündig. Das war nicht leicht auszuhalten, gerade nicht in der Stille, wenn man allein auf sich geworfen war. Wenn nicht, dann projiziert man die eigenen Fehler auf die anderen: Man weiß dann genau, warum man selber unschuldig ist, und die anderen schuldig sind. Ich kann Gott nur danken, dass er mir die Augen zu einer Zeit geöffnet hat, in der ich fast gescheitert wäre. Ich empfand dies als große Gnade, mich wieder ein Stück mehr zu erkennen. Ich glaubte ja, alle Menschen lieben zu können, doch kaum trat ich aus dem Zimmer und sah meine „geliebten Mitschwestern", verging mir die Liebe. Ich lernte großzügig zu sein, weil auch andere mit mir großzügig waren. Doch dies ist ein Lernprozess, der das ganze Leben andauert. Wie wichtig eine Zeit am Abend war, um über den Tag nachzudenken, über die eigenen Worte und Werke und die der anderen, wurde mir erst später in meinem Dienst am Menschen deutlich. Die Rückbesinnung auf das eigene Verhalten im Tagesablauf ist läuternd, befreiend und reißt einen aus einer Oberflächlichkeit heraus, die blind macht für ein gelingendes und glückliches Leben.

Aus Dana wird Teresa

Mit der Überreichung des Ordenskleides beginnt das Noviziat, die zweijährige Vorbereitung bis zur Ablegung der Gelübde. Nach meiner Einkleidung, die ein großes Fest war, wurde nun aus Dana Schwester Teresa. Ich war sehr glücklich, auch wenn mein Vater mich bis zum Ende des Festes aufforderte, dieses komische Kleid wieder auszuziehen und mit nach Hause zu kommen. Mein armer Vater! Hätte er nur einen Tropfen des Glückes empfinden können, der mir geschenkt war.
Wochenlang begleitete mich ein tiefer Friede, und ich dachte, es könnte mir nichts mehr passieren. Der liebe Gott und ich, es gab nur diese Vertikale. Ich schwebte wie im Himmel, wurde aber sehr unsanft in die Realität zurückgeholt. Es war doch nur ein Gewand! Der Mensch unter diesem Gewand musste wieder hervorschauen und sich seiner bewusst werden. Der liebe Gott schaut nicht auf die Kleidung, und er zählt nicht die Beter, sondern nur die Herzen!
In dieser Zeit half mir mein geistlicher Begleiter sehr, und ich schrieb ihm täglich einen Brief. Auch konnte ich regelmäßig beichten, und einmal in der Woche durfte er anrufen,

denn die Zeit des Noviziates hatte begonnen, und in diesen zwei Jahren sollten wir geformt und geprüft werden, ob dieser Weg der richtige war. Vor allem im ersten Jahr war ich oft ohne sichtbare Ursache niedergeschlagen. Das tägliche Schreiben half mir aber, meine Gefühle zu klären. Diese unbegründete Traurigkeit, die mutlos und träge macht, gefährdet das geistliche Leben. Für mich war es eine harte Probe, weil ich in der Zeit an mir, Gott und den Menschen zweifelte. Damals habe ich Gott gebeten, dass er, sollte ich auf dem falschen Weg sein, eine „Atombombe" eines Ereignisses schickt, um es mir unmissverständlich zu zeigen. Wenn nichts dergleichen passieren würde, würde ich meinen Weg weitergehen. Es war gewiss die intensivste Zeit aller Prüfungen für mich in meiner Gemeinschaft. Aber gerade in diesen Krisenzeiten darf man nicht aufgeben oder eine Entscheidung treffen. Erst wenn der innere „Sturm" vorüber ist, kann man entscheiden. Aufgeben kann jeder. Gott erwartete, dass ich durchhielt. So wuchs ich innerlich und freute mich auf meinen Dienst. Nun, so ist das: Wenn man weniger zu tun hat, dann sehnt man sich nach Ereignissen, wenn man im Stress ist, sehnt man sich nach Ruhe und Frieden. Ich wollte mehr. Ich spürte, dass Gott mir Gleichmut schenken wollte. Es ist doch ganz egal, was ich tue, ob putzen oder singen, ob viel Arbeit oder wenig, wenn ich dies in einem gleichbleibenden Frieden tue. Doch wie lerne ich das? Eines Tages, als ich von meiner Namenspatronin, der heiligen Teresa von Ávila las, packte mich der Satz: „Ganz bei der Sache sein – das ist Gebet." Das war es. Ich musste nur versuchen, ganz bei der Sache zu sein. In einer Stunde nur das tun, was zu tun ist. In einem Gespräch nur ganz beim Gesprächspartner sein und nicht schon denken, was ich noch alles tun müsste. War es nicht auch so bei meiner Bekehrung? Jede Stunde gespannt sein, was Gott tut und ihn in allen Dingen suchen und finden. Jeder Augenblick ist der wichtigste. Ich hatte einen Weg gefunden. Viele Menschen haben mich seit damals gefragt, wie ich das alles schaffe. Meine Antwort: Ganz bei der Sache sein, und Gott in allem suchen und finden!

Wanderjahre mit viel Tempo

Meine Gemeinschaft wusste nicht genau, was sie mit mir anfangen sollte, denn ich hatte Abitur, aber noch keine Ausbildung, eine Fülle von Talenten und Fähigkeiten, aber noch keine Erfahrungen. Also wurde ich in die verschiedensten Arbeitsbereiche hineingeworfen, um mich zu bewähren und eine Tochter des heiligen Vinzenz zu werden. Zuerst arbeitete ich in einem unserer Altenheime in Fulda, dann in den Krankenhäusern in Hünfeld und Kassel und im Kinderdorf in Maberzell. Nach meiner zeitlichen Profess – das ist das Versprechen der Armut, des Gehorsams und der Ehelosigkeit auf Zeit – war ich wieder in Fulda in einem Behindertenheim mit den unterschiedlichsten Stationen, wie der Sonderschule und bei den Schwerstbehinderten. Danach erlernte ich den Beruf der Altenpflegehelferin in München und Marburg, und zuletzt studierte ich Religionspädagogik in Mainz. Da kaum Nachwuchs kommt, überlegte sich der Orden genau, wie man das Kapital von jungen Schwestern einsetzt. Das einzige Problem war, dass ich mich überall so gut zurechtfand, dass man mich nicht gerne hergab und ich nur unter Tränen die Häuser verließ. Hätte meine Generaloberin sich für einen dieser Bereiche entschieden, ich wäre sofort geblieben, aber auch sie wollte mich nicht für eine Sache festlegen. Es waren ereignisreiche neun Wanderjahre mit viel Tempo, und ich muss gestehen, dass ich eigentlich nie zur Ruhe kam. Gott hatte also seine eigene Geschwindigkeit mit mir.

Und wie viele Erfahrung habe ich in dieser Zeit mit Kranken und Behinderten, mit Alten und Kindern, mit Jugendlichen und der Kirche Fernstehenden machen dürfen. Als Praktikantin war ich ja immer mit den einfachsten Diensten beschäftigt und konnte so überall hineinschnuppern und mich einbringen. Ich habe wirklich viel „angestellt" in diesen Jahren und ganz für meine Gemeinschaft gelebt. Viele Freundschaften und liebenswerte Mitschwestern begleiteten mich. Jesus hat sein Wort gehalten: Wer Vater oder Mutter verlässt, wird Väter und Mütter dafür erhalten.

Alle meine Glaubenserlebnisse in diesen neun Jahren zu schildern, würde ein solches Buch sprengen, und doch möchte ich von einigen, mir sehr bedeutsamen Erlebnissen erzählen.

„Ich kann nicht an die Liebe glauben?"

Einmal führte ich ein ganz intensives Gespräch während meines abendlichen Rundgangs auf meiner Station im Marienkrankenhaus in Kassel. Ich sprach mit einem Mann über den Glauben (über was sonst), und im Zimmer war noch ein Patient, der intensiv zuhörte, sich aber am Gespräch nicht beteiligte. Plötzlich, als es um die Liebe ging, brach es aus ihm heraus: „Ich kann nicht an die Liebe glauben. Es gibt keine Liebe unter den Menschen, es gibt keinen Gott." Er war wohl noch von niemandem geliebt worden. Ich hatte

gerade die Geschichte von Jesus erzählt, in der sich eine Frau Jesus zu Füßen warf und mit ihren Tränen seine Füße benetzte. Welch eine Liebe! Der Mann wiederholte sich, und ich spürte seine ganze Verbitterung. Er könnte sich niemals vorstellen, dass jemand so etwas tun würde. Nun gut, ich habe nicht nachgedacht, als ich die Bettdecke von seinen Füßen hob und seine Füße küsste. „Doch", sagte ich, „es gibt so etwas!" Er brach in Tränen aus, und auch ich war selbst angerührt. Ich hatte ganz spontan gehandelt und nicht überlegt, was wohl andere darüber denken. Liebe handelt und fürchtet sich nicht. Am nächsten Tag ging ich noch einmal zu diesem Mann. Er lächelte, wir schwiegen sehr lange, und ich hielt ihm die Hand. Auch in den nächsten Tagen sprachen wir nicht, sondern schwiegen miteinander und verstanden uns – und ich glaube, noch nie haben sich zwei Menschen mehr zu sagen gehabt. Ein anderes Mal erlebte ich durch einen Patienten etwas von seinem Glauben. Wir hatten auf der Station einige Wochen einen Moslem. Dreimal am Tag rollte er seinen mitgebrachten Teppich auf und betete in Richtung Mekka. Ich sprach ihn auf seinen Glauben an, und es wurde ein ganz tiefgehendes Gespräch. Dann fragte ich ihn, ob ich nach seinem Glauben in den Himmel kommen könnte. Er antwortete mir ganz eindeutig: Wenn ich den Armen diene, die Wahrheit sage, Almosen gebe und Gott ehre, dann könnte ich auch in den Himmel kommen. Wenn ich das täte, wäre ich automatisch Moslem!
Jeder Tag war ein Geschenk, und der Konvent, die klösterliche Gemeinschaft, in der ich sein durfte, war wunderbar. Schon deswegen, weil hier noch eine andere junge Schwester lebte: Schwester Maria ist ein Segen Gottes, ein Wirbelwind und ein Mensch mit einem tiefen Herzen. Wenn sie auf der Gitarre spielt und singt, dann ist das ein wunderbares Gebet.

Wir zogen fast jeden Tag durch die Stationen und sangen Lieder, tanzten und lachten mit den Patienten. Schwester Maria und ich waren ein Herz und eine Seele. Aber auch diese aufregenden Monate waren viel zu schnell zu Ende.

„Schwester, warum machst du immer mit dem Jesus rum?"

Die Arbeit mit behinderten Kindern ist das Faszinierendste, was man sich überhaupt vorstellen kann. Ich hätte das nie für möglich gehalten. Natürlich war mir schon bange, als ich von meinem neuen Einsatz erfuhr.
Alle Phasen der Berührungsängste, die uns Behinderten gegenüber blockieren, machte ich durch. Trotz aller Hemmungen wurde ich aber schnell „schwach", als die ersten Behinderten mir ihre Aufmerksamkeit und Zuwendung schenkten. Ich konnte diesem strahlenden Blick dieser Kinder nicht widerstehen, von denen ich so viel lernen konnte. Mein erster Einsatz war in der Sonderschule. Die kleine Klasse machte das Unterrichten einfach. Doch ein Siebenjähriger deckte mir meine noch vorhandenen Vorurteile auf. Er hatte einen Tumor im Kopf und bekam immer wieder epileptische Anfälle. Dann mussten wir ihn auf den Boden legen und aufpassen, dass er sich nicht verletzte. Er war in solchen Momenten so hilflos, und ich war es noch mehr. Dabei war der Junge sehr intelligent, wie ich bald bemerken konnte. An einem Morgen in der Adventszeit sollte er einen Adventskranz ausmalen. Da schob er das Blatt zur Seite, schlug die Arme übereinander und sagte: „Schwester, ich lasse mich in der Adventszeit nicht stressen!" Ich war total verblüfft. In

der nächsten Stunde stand Religion auf dem Programm. Er saß dabei auf meinem Schoß, und ich erzählte eine Jesusgeschichte. Mein kleiner Freund ganz prompt: „Schwester, warum machst du immer mit dem Jesus rum?“ Ich lernte, die Kinder so zu nehmen, wie sie waren, und ihnen mehr zuzutrauen.

Mein zweiter Einsatz war dann die Gruppe im Heim mit den Schwerstbehinderten. Auch hier musste ich lernen, mich nicht von Mitleid blockieren zu lassen, sondern das Leben, das auch hier strömte, wahrzunehmen.

Und hier war reichlich Leben. Es war lebenswertes Leben. Mit größter Sensibilität arbeiteten die Pflegerinnen und Pfleger, und ich bewunderte sie in jedem Augenblick. Das war Kirche in ihrer glaubwürdigsten Form. Ich hatte Angst, den Behinderten beim Waschen und Drehen weh zu tun und war sehr unsicher. Aber sie waren es mit mir nicht. Ich habe in dieser Zeit Achtung, selbstlose Freude und Menschenwürde erlebt. Auch wenn es eine körperlich schwere Arbeit für mich war und eine seelische Belastung. Nie werde ich Thomas vergessen. Er war körperbehindert und geistig behindert, blind und schwerhörig. Doch wenn man seinen Namen rief, strahlte er mit einer Freude, die eine Kraft besaß, eine ganze Welt zu verändern. Er hörte seinen Namen, und in ihm lebte und bebte alles. Oft musste ich an einen Satz des Propheten Jesaja in der Bibel denken: „Fürchte dich nicht, denn ich habe dich beim Namen gerufen, du gehörst mir.“ Sein Name drang in sein Herz, und ich dachte mir, wie schwer muss es für Menschen sein, die nicht einmal das haben: einen Menschen, der sie beim Namen nennt. Ich werde Thomas und meine Gruppe niemals vergessen, und es war ein schwerer Abschied, vielleicht mein schwerster.

„Du bist keine Frau"

Ein Kinderdorf hat seinen eigenen Rhythmus, seine eigenen Regeln und Gesetze, und wer mit Kindern und Jugendlichen arbeitet, braucht ein großes Herz und die Kraft, um in den wiederkehrenden Enttäuschungen nicht aufzugeben. Ich war eine junge Schwester und wurde einem Haus mit zwölf Kindern bzw. Jugendlichen zugeteilt. Meine Mitschwester, die von den Kindern liebevoll „Oma" gerufen wurde, war ein kleines Wunder der Geduld, der Selbstlosigkeit und der Herzenswärme. Wenn jemand sie brauchte, dann ging dieser Mensch vor, egal was sie gerade zu tun hatte. Sie kennen gelernt zu haben, hat mein Leben verschönert. Es war nicht schwer für mich, mich mit den Jugendlichen anzufreunden. Ein kleines Fußballspiel half dazu. Schließlich war mein Vater ja Profifußballer gewesen! Wenn ich nicht im Haus half, war ich zur Hausaufgabenbetreuung eingeteilt und versuchte mit anderen Mitarbeitern, die schwächeren Schüler zum Lernen zu motivieren. Auch das war wieder eine wundervolle Arbeit, und ich hätte mir nichts anderes für meine Zukunft wünschen können.

Eines Abends, als ich die Kinder ins Bett brachte, kam ich mit einem ganz lieben Jungen ins Gespräch. Er war schon in vielen Pflegefamilien gewesen und hatte totale Probleme mit Frauen; er konnte es nicht verkraften, dass ihn seine Mutter weggegeben hatte. Plötzlich sagte er zu mir: „Schwester, ich bin froh, dass du keine Frau bist." Ich musste lachen und versicherte ihm, dass ich eine Frau sei. Er bestand darauf: „Nein, du bist keine Frau, du bist eine Schwester." Ihm half diese Sicht, mit mir als Frau umzugehen. Ich muss auch heute noch über diesen originellen Ausspruch lachen.

In dieser Zeit wechselten meine Gefühle hin und her. Kaum

war das eine Problem beseitigt, tauchte ein anderes auf. Hier lernte ich schnell, dass Probleme dazu da sind, sie zu lösen. Dennoch griffen die Schicksale der Kinder und Jugendlichen meine Seele an und forderten ein großes Maß an Verständnis von mir. Das hieß aber auch, die erste große Liebe eines Jugendlichen auch das vierzehnte Mal ernst zu nehmen. Jeder Tag hatte eine Sprengkraft und hinterließ menschliche Wunden. Strenge und Großzügigkeit forderten den ganzen Einsatz. Eine Beziehung aufzubauen, dauert lange Zeit, und ich musste lernen, mich nicht zu emotional an die Kinder zu binden, immer mit dem Gedanken, das Kinderdorf wieder zu verlassen. Man darf nicht Hoffnungen wecken, die den Kindern nur Enttäuschungen bringen könnten.

„Riechst du was?“

In einer Metropole wie München eine Ausbildung zu machen, ist ein Reiz an sich. Ich genoss die bayerische Mentalität und verbrachte häufig meine freie Zeit in den wunderbaren Museen. Auch genoss ich so manches Weißbier mit meiner Mitschwester nach heißen Stunden des Lernens. Ich sollte vor meinem Studium noch eine Ausbildung als Altenpflegehelferin machen, damit ich wenigstens die notwendigsten medizinischen Grundkenntnisse erwarb. Das war eigentlich ganz logisch: Sollte jemand in der Kirche umfallen, musste ich einspringen können. Nicht, dass ich dann dumm herumstünde und sagen müsste: „Tut mir leid, ich habe bloß studiert!“
Eines Sonntags vormittags, als ich aus der Messe kam und mich gerade mit dem Fahrplan der U-Bahn beschäftigte, rief

ein Obdachloser nach mir: „Schwester, Schwester!“ Ich drehte mich herum, und er winkte mir zu. Auch das war wieder ein Moment spontanen Handelns. Ich ging zu ihm, setzte mich neben ihn auf den Boden und erkundigte mich nach seinem Befinden. Er sagte: „Riechst du nix?“ Ich erwiderte: „Was soll ich denn riechen? – Hast du einen auf den lieben Gott getrunken?“ Er staunte über meine Frage und wurde ganz beschämt. Wir unterhielten uns noch lange über das Leben auf der Straße, und nach einem kurzen Abschied wollte ich mich endlich davonmachen. Keine 20 Meter entfernt, sprach mich ein Mann an, der dies beobachtet hatte, und drückte mir 20 Mark in die Hand. „Ach, das ist für meinen Freund?“ Ich ging also zurück und wollte dem Obdachlosen das Geld geben. Er wehrte ab und meinte, dass ich ihm mehr als Geld gegeben hätte. Auf mein Drängen, das Geld anzunehmen, willigte er nur unter der Bedingung ein, dass ich mit ihm essen gehen würde. Das hatte ich nun davon! Ich half ihm, seine Tüten zu tragen, und wir gingen am Marienplatz in eines der bayerischen Lokale. Wir aßen unsere Weißwürste, und ich lächelte den anderen Gästen zu, die mich mit meinem Freund etwas befremdlich anstarrten. Ich war die Eingeladene. Danach fuhr ich heim und ich war glücklich über die Begegnung – und über meine Dusche.

„Bittet die Armen um Verzeihung“

Eine nächste Station war meine Arbeit in Marburg. Für meine Ausbildung zur Altenpflegehelferin musste ich noch ein Praktikum machen, außerdem sollte ich gleichzeitig in einem unserer Altenpflegeheime eine Mitschwester in ihrem

Urlaub vertreten. Auch hier ahnte ich nicht, dass man sich so schnell in fremde Menschen verlieben kann, wie es dort geschah. Wir waren nur drei Schwestern im Konvent, mit einer liebevollen Oberin. Ich hatte viel Freude an der Arbeit und machte mir einen Plan, wie ich an jedem Tag in der Woche einem alten Menschen etwas Besonderes tun konnte. Nicht alle waren bettlägerig, so dass manche nur kleinere Dienste brauchten. Am meisten warteten sie auf einen Zuspruch. Vor allem eine Frau wuchs mir an Herz. Sie war halbseitig gelähmt und schämte sich bei jedem Hilfedienst, den ich ihr tun konnte. Dabei strahlte sie so viel Wärme aus, auch wenn sie sich für nutzlos hielt. Ihr Leben wäre nichts mehr wert, sagte sie oft. Kaum hatte ich sie gewaschen, passierte ihr das nächste Missgeschick. Ach, es war mir wirklich nicht zu viel, und ich versuchte, ihr Selbstbewusstsein aufzubauen. Als ihr dies aber wieder passierte, als ich sie umgezogen hatte, war sie untröstlich. Da bat ich sie um Verzeihung für all das, was ich für sie tat. Unser Ordensgründer hatte den Schwestern aufgetragen, die Armen um Vergebung zu bitten, wenn sie ihnen dienten, weil sie es nicht zurückgeben könnten. Er hatte Recht damit: Meine liebe, ängstliche Frau lächelte mich dankbar an. Eines anderen Tages kam eine Schülerin ganz aufgeregt zu mir und war verzweifelt, weil ein Bewohner sein Frühstück nicht zu sich nehmen wollte. Er sei auf dem Flug nach Russland und hätte keine Zeit. Oh, sagte ich, das ist ja prima. Ich ging zu ihm, stellte mich als seine Stewardess vor, und er nahm das Frühstück dankend an. Es war so herrlich mit den mir Anvertrauten, und ich dachte abermals, hier könnte ich bleiben. In all diesen Jahren war Franz mein geistlicher Begleiter. Er war der treue Freund, dem ich mich mit allem anvertrauen konnte. Als er mich wieder einmal besuchte, hatte ich folgenden Wunsch an ihn: Er sollte nach so vielen Jahren des Predigens einmal einen Menschen pflegen, damit er wieder nachspüre, was Menschsein wirklich heiße. Vielleicht wären die Predigten dann wieder näher am Leben der Menschen. Er erschrak und brauchte Zeit, um das zu verdauen. Einige Wochen später erfuhr ich, dass er eine Woche lang neben seiner Pfarrarbeit täglich eine Schicht in einem Behindertenzentrum mitarbeitete. Er sagte mir später, dass es ihm sehr gut getan hätte. Ich war stolz auf ihn. Ich würde mir wünschen, dass eine solche Erfahrung mehr Pfarrer und Bischöfe machen würden.

Theologie und Fußball

Ein neuer Lebensabschnitt war die Welt des Studiums und des Studentenlebens als Ordensschwester in einer Großstadt. Ich wohnte zwar wieder bei Schwestern, aber das Studium war eine sehr schöne Erfahrung, weil ich auf mich selbst gestellt war. Der Betrieb einer Fachhochschule begann. Der Umgang mit den Studierenden war so problemlos, dass ich im ersten Semester gleich zur Semestersprecherin gewählt wurde. Freundschaften wurden geschlossen. In meinem Semester war noch eine Ordensschwester. Zwei Schwestern in einem Kurs, das war schon lange nicht mehr der Fall gewesen. Ich ging am ersten Tag freudestrahlend auf die andere zu. Die zeigte mir die kalte Schulter. Oh je, dachte ich. Wir beiden ahnten damals nicht, dass wir die besten Freundinnen dieser Welt werden würden, manches in unserer Kirche anstellen, oder gar, dass wir Jahre später gemeinsam eine neue Gemeinschaft in der katholischen Kirche gründen würden. Später sagte sie mir, sie hätte mir die kalte

Schulter gezeigt, weil sie dachte, ich sei eine von diesen sehr „frommen und braven Schwestern". So etwas war ja nun im Studium, auch wenn es sich um ein Theologiestudium handelte, verpönt. Da ist sie ja genau auf die Richtige gestoßen! Natürlich brauchten manche Studierende und auch Professoren Zeit, um uns näher kennen zu lernen. So ein Gewand ist nun für die meisten befremdlich. Aber das Eis war schnell gebrochen. Ich nahm an „ihren" Partys ebenso teil wie am Fußballturnier. Nun konnte man mitreden in der Kirche. Kritisch zu sein, war das oberste Prinzip. Manches lernte ich von meinen Mitstudierenden in dieser Beziehung, aber dennoch unterschied ich mich von ihnen. Für mich gab es tiefe Glaubenserfahrungen, auch aus der Zeit im Kloster, die verhinderten, dass sich das erworbene Hintergrundwissen negativ auf mein Bild von Kirche auswirkte. Natürlich waren die Gedanken von Eugen Drewermann, dem umstrittenen Theologen, oft das Gesprächsthema Nr. 1 bei unseren Diskussionen, und ich belegte mit der anderen Ordensschwester, Schwester Claudia, ein Seminar über die Thesen Drewermanns. Es waren heiße Kämpfe und Diskussionen, und manchmal regten wir uns so sehr auf, dass wir begannen, nach diesen Seminaren miteinander auszugehen. Schwester Claudia und ich wuchsen in diesen Begegnungen zusammen, auch wenn zwischen uns Unterschiede waren wie Tag und Nacht.
Wir lernten von Drewermann die Bibel tiefenpsychologisch zu deuten und waren davon begeistert. Dennoch ärgerten wir uns über manche seiner Thesen und fanden, dass er auch über das Ziel hinausschoss. Aber bei aller Auseinandersetzung mit der Theologie begeisterte mich mehr unser Philosophieprofessor. Er lebte in einer anderen Sphäre, und wir Studierenden waren schon froh, wenn wir überhaupt einen Satz verstanden hatten. Er ist für mich ein Genie, Priester

und Chaot. So wie er von Gott sprach, so fühlte ich es auch. Das waren auch meine Erfahrungen: „Gott wird sichtbar durch unsere Kreativität. Aber wir sind oft verschüttet durch Verletzungen, Enttäuschungen, Sünde und Schuld, dann kann dieser Gott nicht durch uns wirken. Gott wirft nicht ein paar Krümel von oben auf uns herab, wenn wir ihn darum bitten. Er ist in uns eingebaut. Wir haben eine Grunddynamik in uns, die Basisdynamik des Heiligen Geistes."
Dieser Professor hatte Dynamik Gottes in sich. Deshalb wusste ich von Anfang an, dass ich meine Diplomarbeit bei ihm schreiben würde. Ich konnte der Bücherflut, die mir im Studium zur Verfügung stand, nicht widerstehen und verschlang die Bücher förmlich. Auch die Studentengottesdienste eröffneten mir ganz neue Perspektiven. Mache Elemente waren kaum noch als Gottesdienste zu erkennen, aber es waren begeisternde und erlebnisreiche Stunden, die für mich wegweisend wurden. Die Musik, die Texte, die Atmosphäre entsprachen mir sehr in dieser Zeit, und meine Liebe zur Rockmusik kam wieder zutage.

Eine Freundschaft fürs Leben

Die Freundschaft mit Schwester Claudia war für mich schon während des Studiums ein wunderbares Geschenk. Ich habe selten zwei so unterschiedliche Charaktere wie uns beide erlebt. Als ich sie kennen lernte, war sie schüchtern, fast ängstlich zurückhaltend und sprach kaum ein Wort. Sie ist musikalisch hoch begabt und sehr sportlich. Ihre Klarheit und Gradlinigkeit habe ich immer bewundert. Ich war nicht davon überrascht, dass sie in den Schulorden der Ursulinen eingetreten war. Erst nach dem ersten Semester lernten wir uns richtig kennen. Sie erfuhr von meiner Art zu glauben, zu beten und von meiner persönlichen Gottesbeziehung. Das war für sie eine ganz neue Erfahrung. Natürlich überraschte sie meine spontane und unkonventionelle Art. Vieles ist in dieser Zeit mit uns passiert. Während der gesamten Jahre hat sie Tagebuch geschrieben, Tag für Tag, und mir als persönliches Buch mit dem Titel: „Mein Leben mit Schwester Teresa" überreicht. Ich habe in ihr die treueste und selbstloseste Gefährtin bekommen, die ich mir überhaupt vorstellen kann. Sie ist mir immer zur Seite gestanden. Sie hat mit mir ihren Weg und in unserer Gemeinschaft ihren Platz gefunden. Später sagte sie einmal: „Ich bin als Nummer Zwei die Beste!" Ja, sie ist meine beste Freundin geworden, ohne die mein Leben ärmer wäre.

KLOSTER-ROCK STATT SISTER ACT

Kloster-Rock

Als ich mit Schwester Claudia Urlaub machte, schrieb ich mein erstes Rockmusical. In drei Tagen, am Stück. Dies ist etwas von der erwähnten Dynamik. Wir lagen in der Sonne, und ich sagte zu ihr: „Schwester Claudia, hol' was zu schreiben, ich komponiere jetzt ein Rockmusical über's Klosterleben.“ Ich diktierte ihr die Texte, nahm die Gitarre und komponierte. Beim Katholikentag in Karlsruhe 1992 und bei vielen anderen Auftritten in verschiedenen Städten wurde dieses Musical begeistert aufgenommen. Ich fand Jugendliche für eine Band, die den Mut hatten, mit Ordensschwestern in Berührung zu kommen und ein Rockmusical aufzuführen. Die erste Probe hinter Klostermauern war für uns alle aufregend. Nicht nur junge Mitschwestern, sondern auch ältere Schwestern waren bereit mitzumachen. Ich hatte versucht, die Vorurteile über das Ordensleben abzubauen. Wir hinterfragten uns und konnten über uns selber lachen. Aber wir gaben auch Zeugnis vom Glauben. Es war ein Experiment für uns, und wir knieten uns hinein, auch wenn unsere Generaloberin der Sache mehr als skeptisch gegenüberstand. An ihrem Namenstag wurde es uraufgeführt. Wir mussten unseren ganzen Mut zusammennehmen. Es wurde ein voller Erfolg, und unsere Generaloberin war überzeugt worden. Die Öffnung zur Welt hin, das ist es, was wir brauchen! Aber dies sollte für mich erst der Anfang sein. Zumindest kam ich mit meinem Musical „Sister Act“, dem amerikanischen Spielfilm über ein Kloster, zuvor.

Drei Minuten etwas Gutes sagen

Während der ganzen Studienjahre hatten Schwester Claudia und ich in unzähligen Gesprächen die Situation in unseren Klöstern besprochen. Immer wieder sahen wir das Großartige darin, aber auch die negativen Seiten. Wie sollen sich junge Menschen für einen solchen Weg entscheiden können? Wir empfanden vieles als nicht mehr zeitgemäß. Es gab zu wenig Vorbilder in unseren Gemeinschaften, auch wenn wir liebende Schwestern kannten und bewunderten. Unser Kloster war schon seit Jahren im Umbruch. Gemeinsam suchten wir nach ursprünglicher und heutiger Identität. Wir jungen Schwestern wurden miteinbezogen und fanden dies auch aufregend. Der Orden hatte sogar Spezialisten beauftragt, unser Image zu verbessern. Umfragen bei Schwestern und Personal sollten das Positive, aber auch Probleme unserer Gemeinschaft herausfinden und richtungsweisende Wege aufzeigen. Wie in den meisten Orden war auch bei uns die Altersgrenze sehr hoch. Damals waren von dreihundertfünfzig Schwestern unserer Ordensgemeinschaft im Bistum Fulda noch fünf unter 50 Jahren. Es gab kaum Nachwuchs, und immer mehr Häuser, die mit Schwestern besetzt waren, mussten geschlossen werden. Als junge Schwestern haben wir unzählige Beerdigungen erlebt. Wie sollte es also weitergehen? Damals glaubte ich noch, dass wir zu einem Aufbruch fähig waren, und es wurde sogar Geld dafür investiert. Die Situation in den Klöstern ist nun einmal ebenso schwierig wie in der gesamten Kirche. Eines Tages jedoch war ich sehr erschüttert über eine Übung, die wir als Schwestern machen sollten. Ein Beratungsteam hatte alle Schwestern zu einem Schwesterntag ins Mutterhaus gerufen. Neben verschiedenen Informationen, die ich sehr anregend fand, sollten wir folgendes tun: Drei Minuten mit einer Mitschwester spazieren gehen und ihr in dieser Zeit etwas Positives sagen. Wir taten es auch. Später habe ich mir darüber sehr den Kopf zerbrochen. War es soweit mit uns gekommen, dass wir Leute von außen dafür bezahlen, damit wir uns als Ordensschwestern drei Minuten etwas Gutes sagen? Bei allem Bemühen, und das war nicht wenig, hatte ich meine Zweifel, ob das der richtige Weg für mich war. Ich war dennoch stolz auf meine Gemeinschaft. Wir hatten etwas gewagt, und ich war selbstkritisch genug, um zu wissen, dass auch ich nicht die Lösung für diese wichtigen Probleme hatte. Gott musste uns den Weg zeigen, es war ja schließlich sein Betrieb!

Freundlichkeit verändert die Welt

Unvergessen blieb mir aus dieser Zeit in Mainz die tägliche Begegnung mit einer türkischen Putzfrau. Als ich einige Jahre nach meinem Studium einmal von einem Journalisten in Hanau gefragt wurde, wer mein Vorbild sei, kam mir spontan diese türkische Putzfrau in den Sinn. Jeden Morgen, wenn ich ihr auf dem Gang des Krankenhauses begegnete, grüßte sie mich mit einem wunderbaren Lächeln und einer unaufdringlichen Herzlichkeit. Und das während meines gesamten Studiums. Sie hatte Putzarbeit im untersten Stock des Krankenhauses zu verrichten, in dem auch der Essraum für die Schwestern war. Jeden Tag dasselbe: Die Zimmer des Nachtpersonals sauber machen und die langen Gänge putzen. Jeden Tag begegneten wir uns, und jeden Tag steckte mich ihr Lächeln an. Ihre gleichbleibende Freundlichkeit hat mich immer wieder von neuem tief berührt. Dieser eine

Moment der Berührung genügte, um mich froh und zugleich nachdenklich zu machen. Wie wenig wir doch bräuchten, um diese Welt wärmer und freundlicher zu gestalten! Dabei wird es nicht darauf ankommen, ob wir Christen, Juden oder Moslems sind, sondern ob wir aus unserem Glauben Kraft schöpfen, liebenswert mit den Menschen umzugehen. Das wird am Ende unseres Lebens wohl wichtiger sein als die Feststellung, was wir alles erreicht haben. Die Frage wird sein, wie und mit welcher Gesinnung wir gelebt haben! Eine türkische Putzfrau ist mein Vorbild geworden, und ich kenne nicht einmal mehr ihren Namen. Während ich studierte und mich mit vielen theologischen Fragen auseinandersetzte, tat sie ihren stillen Dienst. Was mir auch immer noch in meinem Leben begegnete, der freundliche Gruß meiner türkischen „Freundin" begleitete mich.

Vielleicht müssen wir immer wieder darauf gebracht werden, wie viel gute Menschen uns umgeben, die wir gar nicht wahrnehmen. Nehmen Sie sich einmal die Zeit, nur einen kleinen Moment darüber nachzudenken, wie viel Menschen Ihnen diese Freundlichkeit selbstlos schenken, die wir so leicht übersehen. Es könnte Ihr Ehepartner ebenso sein wie der Kellner, der Sie bedient. Wir nehmen vieles so selbstverständlich hin. Ich bin überzeugt davon, dass sie alle die kleinen Lichter sind, die Gott uns schenkt, um unser Leben zu erhellen und uns dankbarer zu machen.

„Eure Klausur sind die Straßen der Stadt“

Wie sehr sich dieses Wort von unserem Ordensheiligen für mich bewahrheiten sollte, konnte ich nicht wissen, als ich in meiner zukünftigen Gemeinde als Gemeindeassistentin willkommen geheißen wurde. Inmitten eines sozialen Brennpunktes in Hanau gelegen, gab es hier alles: Großstadtmilieu, hoher Ausländeranteil und dementsprechend ständig Neuzugezogene. Neben den amerikanischen Kasernen mit ihren Zäunen und Baracken, in denen bosnische Flüchtlinge untergebracht waren, gab es viele Hochhäuser mit Sozialwohnungen mit unzähligen Klingeln, oft ohne Namensschilder. In der Nacht war es nicht ungefährlich, wen man eine bestimmte Wohnung in einem der Randgebiete suchte. Selbst Prostituierte fehlten am Randbezirk nicht. Eine umtriebige Atmosphäre an einer Hauptzufahrtstraße, neben der Kirche ein McDonald’s, unzählige Bierkneipen, aber auch Einfamilienhäuser und Sportplätze. Kinder und Jugendliche trieben sich zum Teil auf der Straße herum, in der Schule gab es auch Gewalt. Neben der sehr intakten Kerngemeinde gab es auch viele Problemgruppen. Außerdem war eine polnische Gemeinde mit ihrer speziellen Frömmigkeit unserer Kirche zugeordnet.

Die Pfarrei wurde von einem jüngeren und offenen Pfarrer geleitet, für den ich Gott dankte. Bei all dem, was ich in dieser Zeit erleben durfte, wurde mir schon sehr bald klar: Ich hatte Berufung auf der Straße gefunden. In dieser Zeit gehörte ich einem Krankenhauskonvent unserer Gemeinschaft an und fuhr jeden Morgen mit dem Fahrrad, meistens die Gitarre auf dem Buckel, in meine Gemeinde. Oft kam ich spät nach Hause, wenn die meisten Schwestern schon im Bett lagen. Konfliktstoff war dadurch vorprogrammiert; vor allem mit der Oberin, die zwar durch meine Generaloberin über meine spezielle Arbeit informiert worden war, die aber die absolute Kontrolle über mich, wie über alle anderen Schwestern, haben wollte. Nach einem Jahr wurde ich einer anderen, sehr großen Pfarrei innerhalb der Stadt als Gemeindereferentin zugeordnet. Dort war ein alter Pfarrer tätig, der schon etliche Jahrzehnte gewirkt hatte. Ob er nur müde oder verbittert war, wusste ich nicht. Er tat mir leid. Diesen Wechsel hatte ich nur unter der Bedingung angenommen, wenn ich ein Drittel der Stelle für meine Arbeit in meiner alten Brennpunktgemeinde verwenden konnte. Zu vieles hatte begonnen. Vor allem die Kinder und Jugendlichen, mit denen ich mich so gut verstand, wollte ich nicht aufgeben. So war ich in zwei Pfarreien tätig, bekam ein Auto und pendelte zwischen meinen Schwestern und den beiden Pfarreien hin und her. Nebenbei gab ich an unseren Krankenpflegeschulen in Hanau und Kassel zusätzlich einige Stunden das Fach „Ethik". Heute frage ich mich, wie ich das alles bewältigt habe. Gott gab mir die Kraft und die Dynamik, und ich war erfüllt von meinem Dienst. Ich ging um 8 Uhr aus dem Haus und kam manchmal bis nach Mitternacht nicht nach Hause. Nicht immer, aber am Ende immer öfter.

Humor ist ansteckend

Er war mir gleich zu Beginn meiner Tätigkeit in Hanau aufgefallen: Hans-Peter Roiner. Ein junger Sechziger, tätig im Pfarrgemeinderat. Er war Zeit seines Lebens ein beliebter Lateinlehrer, und ich brauchte nicht lange, bis ich herausfand, warum das so war. Hans-Peter war für mich ein Gesegneter. Gott hatte ihn mit der wunderbaren Gabe des Humors gesegnet. Eigentlich war er aus dem tiefsten Bayernland, und dass es ihn nach Hessen verschlagen hatte, konnte ich nicht verstehen. Er wirkte auf den ersten Moment unscheinbar, aber alle wurden vom Zauber seines Humors angesteckt. Seine Frau Olga ist für mich einer der gütigsten Menschen, die ich je kennen lernen durfte. Aus ihrer gemeinsamen Ehe strömte etwas, was man nur Glück nennen kann. Vielleicht ist es ihr überzeugter Glaube, aber ganz sicher der Humor, der dazu beitrug, ihr Leben so erfrischend jung zu halten. Dabei war es Hans-Peter in der Kirche sicher nicht immer zum Lachen. Er arbeitete mit bei der Synode in Würzburg, der Kirchenversammlung der Bistümer Deutschlands nach dem II. Vatikanischen Konzil, war im Diözesanrat des Bistums Fulda und mehrere Perioden im Pfarrgemeinderat. Er engagierte sich in der Gemeinde und hielt viele Vorträge über kirchliche Fragen der Zeit. Ich kannte kaum einen liebeswürdigeren Kirchenkritiker als ihn, und ich wünschte mir oft, ich hätte nur einen Hauch seines Humors gehabt. Er hatte für mich die Haltung eines zufriedenen und „intakten" Menschen, der über die großen und kleinen Dinge im Leben lachen konnte und nicht alles so todernst nahm; und vor allem, der sich selber nicht so wichtig nahm. Hans-Peter ließ sich als Lehrer, sobald es ging, pensionieren, obgleich er unglaublich beliebt war. Für die ihm verbleibende Zeit war ihm seine Frau wichtiger gewesen als Erfolg und gesellschaftliche Anerkennung. Er kommentierte diesen Schritt auf seine Weise: „Ich habe nur meinen Arbeitgeber getauscht!"

Oft habe ich mich gefragt, woher der Hans-Peter die Gelassenheit für sein Leben nahm. Wir haben in dieser Zeit sehr viel gemeinsam erleben dürfen, und ich weiß nicht, wie ich ohne diese Freundschaft und den Humor im Hause Roiners all das geschafft hätte. War ich auch noch so niedergedrückt, ein Satz von ihm genügte zum Auftanken. Echter Humor erheitert die Seele und verletzt nicht. Bei der Hochzeit einer seiner Töchter zum Beispiel, als viele zu Tränen gerührt waren, konnte Hans-Peter sich nicht zurückhalten. Als der Standesbeamte fragte, ob jemand ein Einwand gegen diese Ehe habe, sagte er laut: „Ich! Mein Schwiegersohn kann nicht bayrisch reden." Er hatte wieder alle zum Lachen gebracht. Mir gingen es selbst einmal so mit ihm, das ich mich vor Lachen kaum halten konnte, und dies in der Kirche vor allen Gläubigen. Wir waren beide als Kommunionhelfer eingeteilt. Als wir die Schalen mit den restlichen Hostien zum Tabernakel brachten, hatte Hans-Peter unüblicherweise eine Hand in seiner Manteltasche. Die Kniebeuge nach dem Kommunionempfang sah aus, als hätte er gerade einen Hexenschuss. Als wir in der Bank saßen, offenbarte er mir, dass der Verschluss seine Hose geplatzt war, so dass er sie zu verlieren drohte und sie deshalb festhalten musste. Es war schwer für mich, nicht laut zu lachen. Ich frage mich überhaupt, warum so wenig in der Kirche gelacht wird und warum es so humorlos zugeht unter Christen. Wegen Kleinigkeiten geraten sie oft völlig aus der Fassung und reagieren aggressiv. Oft passt die Heftigkeit von Äußerungen überhaupt nicht zum Anlass. Wie kleinlich und humorlos wir Christen sind, ist erschreckend. Dabei hätten wir als „Erlöste" doch wahrlich Grund, die Dinge ganz gelassen hinzunehmen. Wenn wir dringend etwas in der Kirche brauchen, dann ist es der Humor. Menschen wie Hans-Peter hat deshalb unsere Kirche dringend notwendig angesichts der vielen gescheiten Kritiker. Ob wir uns von ihnen die gute Laune vermiesen lassen oder uns lieber von humorvoll-verständnisvollen Mitchristen anstecken lassen, liegt an uns selber. Ich muss nicht alle Probleme zu den eigenen machen, sondern lernen, die wichtigen von den unwichtigen zu unterscheiden. Es lohnt sich nicht, für Dinge zu kämpfen, die wir nicht ändern können. Aber wen wir immer ändern können, sind wir selbst. Humor hat für mich sehr viel mit der positiven Kraft des Glaubens zu tun. Wenn mein Leben erfüllt ist von dieser menschenfreundlichen Liebe Gottes, dann ist es mir auch möglich, die Dinge etwas leichter zu nehmen und großzügiger mit anderen umzugehen. Hans-Peter hat mir gezeigt, wo ich stehe. Er ist inzwischen im Himmel und singt Gott sicher, wie ein echter Bayer nur singen kann, das „Halleluja sag i“ vor. Im Vergleich zu ihm habe ich viel zu wenig Humor. Dagegen bin ich sicher, dass Gott mehr Humor hat, als viele es ihm zutrauen. Wie sollte er uns Christen wohl sonst immer ertragen!

Wenn Sie spüren, dass Sie dem Hang zum Nörgeln erliegen, dass Sie mehr Unzufriedenheit als positive Kraft verbreiten, dann ist es vielleicht an der Zeit, darüber nachzudenken, woran es liegen könnte. Liegt es vielleicht daran, dass wir so wenig Humor haben, weil wir uns zu wichtig nehmen?

Guns N'Roses und „Schreinemakers live“

In dieser Zeit ging alles Schlag auf Schlag. Meine unkonventionelle Art sprach sich langsam in der Stadt und auch anderswo herum.
Als ich einmal mit dem Zug nach Dresden fuhr, um in einem Bildungshaus einen Vortrag zu halten, fiel die Heizung in meinem Waggon aus, und ich wechselte ins nächste Abteil. Dort saßen zwei Frauen, recht poppig gekleidet. Ich konnte

ihrem Gesicht sofort ansehen, was sie dachten, als eine schwarz gekleidete Schwester sich zu ihnen setzte. Ich war ja solche Blicke gewöhnt und daher unbefangener als sie, also im Vorteil! Ich packte meinen Walkman aus und hörte mir die neuste CD der „Guns N'Roses", einer bekannten Rockgruppe an, die mir „meine Kinder" mitgegeben hatten. Das Gesicht der beiden Mitreisenden erhellte sich, und sie schmunzelten. Nun ja, was soll ich sagen, wir kamen ins Gespräch, und sie fragten mich tausend Löcher in den Bauch. Und es fing an mit Fragen, die üblich zu sein scheinen, wenn man plötzlich ein „kirchliches Opfer" vor sich hat: Papst, Pille, Zölibat!
Nachdem wir diese Themen besprochen hatten, begann ich sie nach ihrem Leben zu fragen, wie es ihnen wirklich ging. Plötzlich war der Papst, die Pille und das Zölibat kein Thema mehr. Es ging um existentiellere Dinge. Ich gab mein Glaubenszeugnis, und zum Schluss steppte ich ihnen noch etwas vor, das war ja eine fast vergessene Leidenschaft von mir. Ich hatte mich eben wieder heiß gelaufen, als es um meinen lieben Gott ging. Wir verabschiedeten uns unter Lachtränen, und ich zog meines Weges. Eine Woche später erhielt ich einen Anruf der Fernsehredaktion von „Schreinemakers live". Eine der beiden Frauen arbeitete beim Fernsehen und berichtete dort von einer „ganz ungewöhnlichen Schwester". Da hatte ich den Salat! Um mich war es mir nicht bange, ich würde überall Zeugnis von meinem Glauben geben, gleich ob auf der Straße oder im Fernsehen, aber wie würden das meine Oberinnen aufnehmen? Ich musste das TV-Team also vertrösten, bis ich in meinem Mutterhaus nachgefragt hatte. Bis zur geplanten Sendung waren nur noch zwei Wochen Zeit. Und das ist für ein Kloster, in dem eine Entscheidung eine Ewigkeit braucht, eine kurze Zeit. Meine Generaloberin reagierte spontan ablehnend, lud mich aber aus diesem

Grund zu einer Sitzung des Schwesternrates, dem Beratungsgremium für die Ordensleitung, ein. Bis zu diesem Tag hatte das TV-Team schon zweimal angerufen. Für mich war das sehr peinlich. Ich musste sie weiter vertrösten. Nach allem Für und Wider entschied sich die Mehrheit des Rates für einen Auftritt, und manche bewunderten meinen Mut. Ich glaube, hier hatte eindeutig Gott seine Finger im Spiel. Denn damit öffnete sich ein ganz neuer Weg in meinem Leben. Eine weitere Berufung sollte dadurch auf mich zukommen.

Zuerst drehte das Team einen Kurzfilm von meiner Arbeit. Das allein dauerte einen ganzen Tag, und ich sollte einen Vorgeschmack auf das bekommen, was mich in den nächsten Jahren erwartete. Ich brauchte sehr viel Geduld und die Teams mit mir! Ich bestand vor allem darauf, dass der Film identisch mit meiner Arbeit war und genau das gezeigt wurde, was eben an diesem Tag passierte. Ich wurde also auf Schritt und Tritt verfolgt: Bei der Bandprobe, den Hausbesuchen, dem spontanen Basketballspiel mit amerikanischen Kids, die ich gerade auf meinem Weg traf, in der Kinderstunde, in der wir rappten und Fußball spielten, und natürlich auch mit meinem damaligen Gefährt, einem Fahrrad und dem Skateboard. Es war für mich gar nichts Ungewöhnliches, da wir für mein neues Musical in einer Szene das Leben heutiger Kids zeigten, und ich darin eben mitmachte. Am nächsten Tag bereits fuhr ich mit dem Zug, begleitet von meiner Mutter und unzähligen Gebeten meiner Mitschwestern, nach Köln. Wir wurden in einem sehr feinen Hotel untergebracht, in dem uns sogar das Bett aufgeschlagen wurde.

Heute, nach ganz vielen Fernsehauftritten, muss ich sagen, dass ich noch nie so menschlich und respektvoll behandelt worden bin wie damals bei „Schreinemakers live“, als die Sendung noch auf ihrem Höhepunkt war. Alle vom Team schmun-

zelten unentwegt, weil sie schon den Kurzfilm kannten und staunten, was ich so alles trieb. Als ich Frau Schreinemakers vorgestellt wurde, war es „Freundschaft auf den ersten Blick". Ganz gleich was Menschen denken, ich stehe zu dieser Freundschaft! Natürlich kam ich erst ganz am Schluss der Sendung dran. Meine Mitschwestern taten mir leid, dass sie so lange aufbleiben mussten. Ich saß inzwischen unter den Journalisten, welche die Sendung beobachteten, und ich glaube, die dachten sich, ich hätte diesen Besuch bei der Sendung gewonnen, um mal hinter die Kulissen schauen zu dürfen. Ich wurde inzwischen schon etwas müde. Dann wurde mir ein Bier, das „Kölsch", angeboten. Mein Gott war das klein! Ich bestellte gleich noch eins. Ein drittes Kölsch wagte ich nicht, die Blicke um mich herum! Was sollten die denken? Und schon ging es los: in die Schminke. So ein Quatsch, dachte ich, aber nach der Sendung wusste ich, warum. Im Studio mit all den Scheinwerfern war es so heiß wie in einer Sauna. „Aber bitte ganz dezent, ich bin schließlich eine Ordensfrau!" Hinter den Kulissen fragte man mich, ob ich aufgeregt sei, aber ich antwortete, dass ich das nicht bin: „Ich stehe schließlich jeden Tag vor der Kamera Gottes."
Margarete Schreinemakers kündigte mich an: „Manchmal, liebe Zuschauer, macht man sich ja einen Spaß daraus, vom Aussehen der Leute oder gar ihren Hobbys vielleicht auf ihrem Beruf zu schließen. Wenn ich Ihnen jetzt zum Beispiel sage, dass es eine Frau gibt, die tanzt, die Gitarre spielt, die steppt und vieles andere in diese Richtung, was würden Sie dann glauben, macht sie beruflich? Ich kann Ihnen raten, hören Sie auf, darüber nachzudenken, Sie kommen eh nie darauf! Schwester Teresa, ein ganz gelungener Ableger vom Bodenpersonal Gottes."
Dann wurde der Kurzfilm eingespielt. Die Tür vor mir öffnete sich, und ich trat herein. Also ging es los. Ich erzählte von

meinem Glaubenserlebnis, meinem offenen Kloster, von meiner Arbeit, von meinen Rockmusicals. Am Ende sprach mich Margarete auf eine meiner Leidenschaften an: das Stepp-Tanzen.
Sie fragte mich, ob ich auch hier für das Publikum steppen würde. Ich erwiderte: „Für Gott tue ich alles!“, und ich steppte. Ich bekam großen Applaus, und das war's! Hätte ich geahnt, welche Lawine mein Auftritt auslösen würde ... Fünf Millionen Zuschauer sahen und hörten mich, obwohl es mitten in der Nacht war. Anschließend wurden Pressefotos gemacht, und ich sollte für einen Fotografen steppen. Ich weigerte mich, denn ich wollte nicht als „steppende Schwester“ auf den Titelseiten erscheinen. Ich wurde sehr bedrängt und weigerte mich entschlossen. Das wäre nun nicht mehr echt gewesen! Ich wusste, mein Verhalten war richtig, aber ich ahnte nicht, dass mich ein anderes Image verfolgten würde: „Die skateboardfahrende Nonne“.

„Die skateboardfahrende Nonne“

Als meine Mutter und ich am nächsten Tag am Bahnhof in Köln auf den Zug warteten, passierte für mich Unglaubliches. Unzählige Menschen sprachen mich an, ob ich die Schwester in der Sendung von Frau Schreinemakers wäre. Ich konnte es ja nur bestätigen. Mir wurden Hände geschüttelt, ich wurde bewundert und ausgefragt. So ging es in Frankfurt weiter. Ein junger Mann – ich glaube, er war mit Drogen vollgepumpt – umarmte mich spontan, weil er mich am Abend vorher im Fernsehen gesehen hatte. Ein Radiosender fing mich am Bahnhof ab, und ich gab ein Live-Interview. Als ich daheim ankam, hörte ich von meiner Oberin, dass mindestens zehn große Zeitschriften angerufen hatten und um ein Interview baten. Ich war verwirrt. Zuerst rief ich meine Generaloberin an und war beruhigt, dass sehr viel positives Echo von den Mitschwestern kam. Das war mir, glaube ich, am wichtigsten. Ich wusste ja, wie fast alles, was über Kirche oder Glauben in den Medien kam, entweder verzerrt oder lächerlich gemacht wurde. Ich zog mich zurück und hörte das Telefon in meinem Büro unentwegt läuten. Ich musste mir erst selber klar werden, wie es jetzt weitergehen sollte. Ich musste Gott um Rat fragen und ging in die Kapelle. Nun, Jesus, was soll ich tun? Ich brauchte nicht lange auf eine Antwort zu warten. Die innere Ruhe zeigte mir den Weg. Ich war von meinem Auftritt im Fernsehen offen auf die Menschen zugegangen. Ich hatte mich ganz echt und offen im Fernsehen gezeigt, warum sollte ich mich jetzt verschließen? Das hätte nicht zu meinem Zeugnis gepasst, das ich abgelegt hatte. Gott würde das schon regeln, da war ich mir ganz sicher.

Dennoch rechnete ich nicht mit diesem Andrang der Reporter. Sie taten alles, um ein Foto von mir auf dem Skateboard zu bekommen. Ich wurde ausgefragt und wiederholte meine Geschichte. Aber ich versuchte auch dem gerecht zu werden, was ich glaube. Ich war für die Menschen da, und ich gehörte Gott. Bei den Interviews fing ich an, den Spieß umzudrehen. Ich fragte die Reporter, wie es ihnen eigentlich in ihrem Beruf gehe. Ich bohrte, und bald vergaßen sie das Interview, und es wurde ein gutes Gespräch über die Sorgen, Nöte und Freuden der Befragten. Wir hatten eine Erfahrung miteinander gemacht. Sie schrieben sehr positiv, und diese verrückte Schwester wurde immer bekannter. Mein Bild erschien in Ohio/USA, in England mit Prinz Charles auf einer Seite und sogar auf den Philippinen. Sogar ein amerikanischer Fernsehsender kam und berichtete in den USA über mich. Monate später erhielt ich einen Brief aus den Bronx in New York. Eine Familie hatte bloß „Schwester Teresa, Germany“ auf den Umschlag geschrieben, und der Brief ist bei mir angekommen. Sie hatten mir fünf Dollar geschickt, obgleich sie selber nichts hatten, damit ich meine Arbeit in meiner Gemeinde mit den Kindern fortführen konnte. Eines Morgens im Pfarrbüro, als ich für die Seite der Gottesdienstordnung eine Grafik zur Gestaltung brauchte, schlug ich ein Schnippelheft auf, das monatlich ins Haus kam. Ich dachte, mich trifft der Schlag: Ich auf dem Skateboard zum Ausschneiden! So weit war es also schon gekommen. Meine Beschwerde wurde mit Verwunderung angenommen. Später erhielt ich mindestens fünf Pfarrbriefe mit diesem Bild als Titelseite. Inzwischen ist das Bild in einem Unterrichtsbuch für den gesellschaftskundlichen Unterricht „Vom Mittealter zur Neuzeit“ erschienen. Immer wieder riefen Fernsehanstalten an, und bald wurde es eine Plage. Ich ließ auch nur noch solche Berichte zu, in denen meine Kinder und unser Musical vorkamen, denn es war mir wichtig, die Öffentlichkeit auf ihre Probleme aufmerksam zu machen. Wenn ich jedoch nicht auf das Skateboard steigen wollte, zogen sie sich schnell zurück. Es war nicht einfach, Kompromisse einzugehen, um allen Seiten gerecht zu werden, Und es gab auch Fehlgriffe. Aber das passiert nun mal. Vertrauen wird enttäuscht, Gutgemeintes verfälscht. Doch diese wenigen Ausnahmen führten nicht dazu, mich ganz von den Medien zurückzuziehen. Ich glaube, dies ist auch ein Fehler von Kirche und Klöstern. Es gibt auch gute Erfahrungen, ich jedenfalls habe sie reichlich gehabt. Ich hatte diesen Rummel nicht beabsichtigt und habe immer nach einem Prinzip gehandelt: Von mir aus rufe ich keinen an! Bis heute! Natürlich konnte ich bald dieses blöde Brett nicht mehr sehen, und doch musste ich erleben, dass es bei Millionen Menschen etwas Positives ausgelöst hatte. Gott hat es mir geschenkt, die Medien für die Botschaft des Glaubens und einer offenen Kirche zu nutzen. Jedenfalls wurden mir unglaublich viele Türen geöffnet. Und natürlich hatte es unter anderen Ordensleuten und unter Konservativen auch reichlich Diskussionen und Ablehnung ausgelöst. Es ist immer schwierig, wenn ein Mensch hervorgehoben wird, das setzt eben unterschiedliche Kräfte frei. Gott kannte meine Motivation, und ich pries ihn auch auf dem Skateboard!

Es kam eine Zeit, in der ich für Medien nicht mehr auf das Skateboard gestiegen bin. Eine Ausnahme machte ich bei Jugendveranstaltungen. Das Skateboard ersetzte später ein Motorroller. Wie sehr ich bekannt war, erlebte ich in den verschiedensten Situationen. Als ich 1994 auf der Heimfahrt von meinem Urlaub war und „in Zivil" mit Sonnenhut und Sonnenbrille ging, sprach mich eine Frau an einer Tankstelle an. Sie fragte mich, ob ich in der ZDF-Sendung „Fernsehgarten" nicht sehr nass geworden sei, weil es während der Fernsehsendung in Strömen gegossen habe, sie habe die Sendung gesehen. Da wusste ich nun, wie bekannt ich war. Als ich 1997 in Israel war, wurde ich an fünf verschiedenen Orten wiedererkannt. Aber was soll's, wie gesagt, ich stehe jeden Tag vor der Kamera Gottes.

Allen alles werden

Ich erkannte sehr bald: Wollte ich von den Menschen akzeptiert werden, musste ich ganz in ihre Welt eintauchen. Zugute kam mir natürlich meine Welterfahrung, meine sportliche

Vergangenheit und meine weltoffene Religiosität. Mit großer Freude begann ich jeden Tag meine Arbeit und freute mich auf die Begegnungen mit vielen Menschen. Eines Abends, als ich eine Familie besuchen wollte, berichtete mir die Ehefrau, dass ihr Mann in der Kneipe saß und trank. Wenn er heimkäme, würde er toben und sie und die Kinder schlagen. Also beschloss ich, ihn zu holen. In meinem Stadtviertel kannte man mich bereits, und ich musste mich abends nicht fürchten. Ich betrat die Kneipe und sah ihn sitzen. Auch er erkannte mich. Sein Kind sollte ja in diesem Jahr zu Kommunion gehen. Ich ging auf ihn zu, sprach ein wenig mit ihm und wollte ihn bewegen, mit nach Hause zu gehen, denn er war schon mehr als angeheitert. Er wollte nicht und provozierte mich: „Ich gehe nur mit, Schwester, wenn du zwei Korn mit mir trinkst!" Na ja, Jesus hat gesagt, dass selbst Schlangengift uns nicht schaden wird, wenn wir glauben, also trank ich und brachte ihn anschließend nach Hause. Wir schlossen ihn ein, damit er seinen Rausch ausschlafen konnte. Am nächsten Tag redete ich ihm ins Gewissen. Ich habe nicht viel erreichen können, aber er hatte Respekt bekommen.

Mit vielen Problemen wurde ich tagtäglich konfrontiert, und wenn ich zu den Schwestern nach Hause kam und von den „großen Problemen" im Kloster erfuhr, schauderte mich. Sind wir wirklich so weltfremd? Ist ein vergessenes Handtuch im Bad wirklich so schlimm, dass man einen Schuldigen finden musste? Was war das angesichts des Leidens so vieler Menschen? Ich war mir bewusst, dass ich keine Antwort auf das Leiden hatte und es auch nicht in meiner Gemeinde oder Gemeinschaft lösen konnte, aber ich konnte versuchen, jeden Tag ein bisschen mehr zu lieben. Manchmal musste ich dabei unkonventionell vorgehen.

Mein Leben ist mein Hobby

Die Arbeit als Gemeindereferentin und als „Medienstar“ war und ist sehr vielseitig und erfordert sehr viel Kreativität. Während meiner Zeit in Hanau änderte sich fast in jeder Stunde mein Aufgabenbereich. Ich ging in die Schule und unterrichtete, besuchte jemanden im Krankenhaus, dann hatte ich Kommunionunterricht, anschließend eine Besprechung, Gottesdienst, Bandproben, Hausbesuche. Immerzu musste etwas vorbereitet werden: die zahlreichen Gruppenstunden, die Unterrichtsstunden, der Altennachmittag, die Ansprachen und, und, und. Manchmal wechselte ein schwieriger Trauerbesuch mit einem total ausgeflippten Nachmittag mit Kindern und dann wieder eine besinnliche Stunde, der ein Faschingsabend folgte. Ich konnte mich entfalten und alle meine Talente einsetzen. Aber am meisten wurde das Herz verlangt. Ich wollte eine Schwester zum Anfassen sein. Wie wichtig war es, auf der Straße die Sprache der Menschen zu verstehen und auch so mit ihnen zu reden. Für mich war es deshalb normal, regelmäßig in die „Bravo“ zu schauen, um zu begreifen, was die Kids beschäftigt, nicht weil es so eine geistvolle Lektüre ist. Ich informierte mich über die Orte in der Stadt, wo sich die Jugend traf, wo sie tanzt, wo sie ausging, wo sie sich aufhielt. Ich musste alles wissen, um mir ein Bild machen zu können.
Freitags war Kinder- und Jugendnachmittag in unserer Pfarrei, und es dauerte nicht lange, bis die Gruppe von zehn auf zwanzig und mehr Kinder ausgeweitet wurde. Die Kinder waren aus allen sozialen Schichten und die unterschiedlichsten Hautfarben waren vertreten. Es waren wunderbare, echte Kids des Viertels, und wir wuchsen unglaublich schnell zusammen. Sie wurden mit mir Fernsehstars und genossen die Anerkennung, die es sonst kaum für sie gab.

Doch was sollte ich machen, um sie auf Dauer zu begeistern und anzustecken für den Glauben und die Kirche?

„Ansteckungsgefahr Gott"

Ein Anruf von Daniela Dicker – sie ist eine gute Freundin aus Berlin – genügte, um die Motivation, die Kraft und das Engagement für ein neues Musical für den Dresdner Katholikentag 1994 in mir freizusetzen. Daniela war für das Musikprogramm der letzten Katholikentage zuständig. Ich reagierte spontan und machte mir meine Gedanken. In der Pfarrei gab es eine Gruppe junger Erwachsener, die gelegentlich miteinander sangen, eine Kindergruppe, einige recht aufgeschlossene Pfarrangehörige und natürlich den Pfarrer, der gerne neue Ideen unterstützte. Die schwierigste Aufgabe begann, Leute zum Mitmachen zu motivieren. Aber wie alles in meinem Leben war, habe ich auch dies in ungeheurem Tempo geschafft. Ich gewann Kinder und die Erzieherinnen von unserem Kindergarten, einen Kreis Seniorinnen, junge Erwachsene, Kinder und Jugendliche, Männer und Frauen. Das Musical sollte ein Gemeindeprojekt werden, und erst in der Entstehung fügte sich Stück für Stück. So wuchs ein Musical heran, das den Titel bekam „Ansteckungsgefahr Gott". Es wurde auch ansteckend, bei der Premiere beteiligten sich insgesamt 150 Kinder und Erwachsene. Die Geschichte vom Sturm auf dem See aus der Bibel wurde der Ausgangspunkt.

Waren wir in der Kirche nicht in einem gleichen Zustand? Wir sitzen im Boot mit Jesus. Er schläft, sagt die Bibel, obgleich ein Sturm aufkommt. Kommt es uns heute nicht auch

so vor? Von Gott und Jesus ist augenscheinlich nichts zu merken, es geht kaum um ihn, sondern um 1000 Nebensächlichkeiten. Oder schlafen wir auch, dass wir den Sturm nicht mal bemerken, der um uns wütet? Die Jünger bei Jesus bekommen Angst, sie schreien zum Herrn: „Rette uns." Jesus erwacht, gebietet dem Sturm und fragt die Jünger nach ihrem Glauben: „Warum seid ihr so kleingläubig?"
Mit den verschiedensten Gruppen führte ich Gespräche über ihren Glauben, wovor sie Angst hatten, was ihnen in der Kirche nicht gefiel und was sie bewegte. Allein diese Auseinandersetzung brachte uns auf eine gemeinsame Suche: Wo ist Gott in unserer Gemeinde erfahrbar? Aus den Gesprächen heraus entstanden die Texte, und ich komponierte die Musik dazu. Die Menschen hatten ihre Probleme mit und an der Kirche, mit ihrem Glauben und mit ihrer Lebenssituation formuliert, und besangen sie später. Es war also ganz authentisch. Jetzt musste ich eine Band suchen. Die ersten Musikstücke hatte ich ja schon fertig. Und das sollte eine interessante Aufgabe werden!

„Das wird doch keine Oper"

Nie werde ich meine erste Probe mit der Band vergessen. Ich konnte drei Jugendliche, einen Schlagzeuger, einen Bassgitarristen und einen E-Gitarristen gewinnen. Sie probten schon länger im Keller unterhalb der Kirche. Dort hatten sie sich einen Proberaum eingerichtet. Nicht nur, dass er ganz schwarz gestrichen war (das gäbe beim Spielen ein besseres Feeling, sagten sie mir), er war auch sehr klein und im Winter eiskalt.

Mehr als verlegen schauten sie, als ich zu ihnen kam, um ihnen einen Eindruck des Musicals zu geben. Ich konnte ihr Befremden ja wirklich verstehen. Da kommt eine Ordensschwester und will sie für etwas in der Kirche gewinnen. Sie waren überwiegend katholisch erzogen, hatten aber schon länger keinen Kontakt mehr mit der Kirche, in Wirklichkeit seit ihrer Erstkommunion nicht mehr. Wir stellten uns kurz vor, und ich gab ihnen die Noten. Dann schnappte ich mir ihre E-Gitarre und begann das erste Lied vorzuspielen. Adrian sagte spontan: „Das ist flott!" – „Na, was denkst du, eine Oper wird es bestimmt nicht!" reagierte ich prompt. Nach der ersten Probe gingen wir noch in die Pizzeria gegenüber, um uns noch ein bisschen kennen zu lernen und den Abend nett ausklingen zu lassen. Es sollten noch viele Abende kommen, an denen wir nach den Proben ins Gespräch kamen, oft über den Glauben, und ich erinnere mich, wie ich eines Nachts erschrocken auf die Uhr schaute. Es war bereits halb drei, und wir hatten es nicht gemerkt, so intensiv hatten wir uns über das Thema Kirche auseinandergesetzt. Auch diese Stunden waren wichtig, und ich wusste, dass es richtig war, auch mal nicht auf die Uhr zu schauen. Auf diese Jungs konnte ich mich jedenfalls hundertprozentig verlassen und sie sich auf mich.
Die Premiere war ein so großer Erfolg, dass wir nicht nur von den Medien bestürmt, sondern auch unzählige Einladungen von anderen Pfarreien und Veranstaltern erhielten, sogar zu einem Landesfest, dem Hessentag. Selbst bis Hannover fuhren wie, um unser Musical aufzuführen. Inzwischen hatte ich mit meinen Jungs eine Skateboardnummer einstudiert, und da wir im Stadtteil Lamboy wohnten, nannten sie sich die „Lamboys". Auch mit ihnen machte ich etliche Fernsehauftritte, und ihr Selbstbewusstsein stieg zunehmend. Eines Tages jedoch überraschte mich mein Kleinster,

der mit seinen Hip-Hop-Tanzkünsten und seinen tiefen dunklen Augen alle schwach machte, mit der Feststellung: „Schwester, ich will nicht mehr Michael Jackson werden, berühmt sein ist so anstrengend." Ich war froh darüber, denn er hatte, wie die anderen auch, ein wenig hinter die Fassade der Medienwelt gesehen und gespürt, dass das nicht alles echt und erstrebenswert war. Einmal allerdings, als wir einen Auftritt im Hessischen Fernsehen hatten, begegneten sie einem ihrer Idole vom „Wrestling". Der Hüne „verliebte" sich gleich in meine Rasselbande und lud sie mit ihren Vätern zu einer der nächsten Veranstaltungen ein. Das war für sie natürlich gewaltig, und sie gaben mit den Autogrammkarten in der Schule an. Ich brauchte schon manchmal Neven für meine „Jungs", denn sie waren nicht immer leicht zu betreuen. Das Milieu prägte sie und auch ihre beginnende Pubertät. Und doch sind wir durch dick und dünn gegangen, und sie hingen unglaublich an mir. Wir hatten ja schon so viel miteinander erlebt, und wie viel sollte noch auf uns zukommen! Der Katholikentag in Dresden stand zum Beispiel bevor. Aber ich wusste schon um etwas, was sie nicht ahnten, und ich hörte schon im voraus mein Herz zittern, wenn ich ihnen diese Pläne verraten würde.

Gewissen gegen Regel

Es war sicher nicht nur dieses eine Ereignis, das mich Gott fragen ließ, ob ich mich mit den ewigen Gelübden der Armut, der Ehelosigkeit und des Gehorsams für immer an meine Gemeinschaft binden sollte, aber es war eines jener Ereignisse, das mir auch die Augen für Gottes neue Pläne mit mir öffnete: Es war das Weihnachtsfest 1993. Ich hatte gerade nach dem Gottesdienst die Tür der Kirche abgeschlossen und wollte nach Hause fahren. Mein Dienst war zu Ende, und ich musste zurück in meinen Konvent. Ich wollte gerade wegfahren, als ich einen jungen Mann vor dem Pfarrhaus sitzen sah, der in sich zusammengekauert war. Ich stieg nochmals aus und wollte ihm helfen. Ein paar Sätze hatten genügt, um zu bemerken, dass er in einem bedauernswerten Zustand war. Ich nahm ihn mit ins Pfarrhaus, kochte Kaffee, und er erzählte mir seine Lebensgeschichte. Mich wunderte es nicht mehr, warum er auf der Straße war. Es war Weihnachten, und ich verbrachte mit ihm ein paar Stunden, angerührt von seinen Schilderungen. Dann fuhr ich ihn zum Übernachtungsheim. Als ich nach Hause kam, war es 4 Uhr morgens. Das war eines meiner ungewöhnlichsten Weihnachtsfeste, und schlief erschöpft ein. Vielleicht können manche Leser verstehen, dass ich um 6 Uhr nicht in der Lage war, zum Morgengebet zu erscheinen. Meine Oberin allerdings verstand nicht, warum ich am ersten heiligen Weihnachtstag nicht erschien. Noch bevor ich mich erklären konnte, hing der Konventsegen schief, und mir wurde klar, dass hier Gewissen gegen Regel stand. Wie schwer ist es doch für Menschen, eine Sache richtig zu beurteilen, wenn man die Hintergründe nicht kennt, und wie leicht ist es, vorschnell jemanden zu verurteilen.

Ein neuer Weg

Gerade dieses Weihnachtsfest war der Auslöser für Gedanken, die mich nicht mehr schlafen ließen und in mir immer wieder bohrten. Ich war unter den Menschen, unter den Armen und den Reichen. Überall wurde ich eingeladen, und ich bedauerte, dass zu diesen Terminen nicht Bischöfe eingeladen wurden, sondern eine Ordensschwester. Es gab keinen Tag, an dem bei mir nicht das Telefon klingelte und es mir nicht im Herzen klingelte. Wir sind in dieser Ordensform noch zu weit von den Menschen entfernt; besonders in der Seelsorge, die ich ja ausübte. Ein Pfarrer oder eine Gemeindereferentin sind häufig Einzelkämpfer, bis sie nicht mehr können. Es müsste eine Gemeinschaft geben, die ganz nah bei den Menschen lebt. Ein Pfarrhaus, das ein offenes Haus für Menschen ist, in dem Leben spürbar ist: echtes, menschliches und alternatives Leben. Wir könnten ein Team sein, das gemeinsam betet, lebt und arbeitet, um Gott in allen Dingen zu suchen und zu finden, wie es Jesus vorgelebt hatte, um Freundschaft zu leben mit allen und allem. Mir selbst waren die wunderbarsten Freundschaften geschenkt worden. Es bräuchte keine Oberinnen, die über andere herrschen, weil Gottes Geist in allen Schwestern oder Brüdern wirken kann. Geschwisterlich müssten wir leben, offen für Gott und die Welt! In diesen Gemeinschaften müssten Vertrauen zueinander wichtiger sein als Regeln. Zu viele Regeln bringen kleine Menschen hervor. Weniger Regeln lassen große Menschen entstehen. Das heißt nicht, dass es keine Regeln geben soll. Ich weiß, dass ich hier gleich mit tausenden „Abers" niedergeredet werden kann. Ich meine nicht keine Regeln, ich meine menschliche, wohlwollende und zeitgemäße Regelungen. Eine Form müsste doch möglich sein, die aus dem Herzen kommt, weil wir Gott lieben und die Menschen. Die Leute sitzen abends eben nicht in der Kirche. Sie sitzen vor dem Fernseher. Sie sind auf den Straßen und Plätzen und in den Fußballstadien, in den Diskotheken und den Restaurants. Sie sind in der Natur und auf Reisen. Sie leben in Sozialwohnungen und Bordellen, in Ferienhäusern und Hütten. Und ich bin überzeugt, dass Gott dort überall ist, und dass wir als sein „Bodenpersonal" zu weit weg sind. Und ich denke zuerst hier an Deutschland und die Situation der deutschen Kirche und der Gesellschaft. Und ich liebe sie, wie ich keine bessere kenne und eben nicht blind für das bin, was nicht gut ist. Weil allerorten Arbeit fehlt und Ungerechtigkeit zu siegen scheint, heißt das nicht, dass alles schlecht ist. Wie wir miteinander umgehen, das ist schlecht, nicht die Menschen. Ich liebe die Menschen und ich liebe dieses Land und ich suche einen Weg, meine innere Vision, dieses Dynamit eines Anrufs in mir, das mich nicht ruhen lässt, zu verwirklichen. Gott hätte mich nicht hierher geführt, wenn er gewollt hätte, dass alles so bleibt, wie es war. In der Silvesternacht 1993/1994 stieß ich mit einem Glas Sekt mit einer Mitschwester auf dem Dach unseres Krankenhauses an und sagte: „Das wird mein Jahr. Mein Jahr mit Gottes neuem Weg."

„Wenn Sie es wagen ..."

Immer wieder besprach ich mich mit Schwester Claudia und Pfarrer Franz. War das nur ein Hirngespinst oder rief Gott uns hier zusammen? Gründete unsere Dreisamkeit nicht in einer tiefen Freundschaft mit Gott? Wenn Gott es will, dann werden uns die Wege geebnet werden. Bereits Anfang Janu-

ar fanden die Gespräche mit Verantwortlichen des Bistums Bamberg statt. Alles kam darauf an, deutlich zu machen, was wir mit einer neuen Gemeinschaft vorhatten. Wir hatten nichts anderes vor, als in der Kirche zu dienen und ganz offen für die Menschen zu sein, vor allem für die Kirchendistanzierten. Nun, es gibt ja schon genügend geistliche Orden und Gemeinschaften, die wenigsten haben Nachwuchs. Sollte man trotzdem eine neue Form ausprobieren? Aber das war es ja gerade. Die Kirche braucht in jeder Zeit entsprechende Formen. Wir hielten an den Grundstrukturen des Ordenslebens fest, aber es sollte zeitgemäßer sein, und die Regeln sollten neu definiert, nicht abgeschafft werden. Gott hatte uns auf diesen Weg gebracht, sonst hätte ich nicht gewusst, woher wir den Mut für die nächsten Schritte genommen hätten, als wir die Antwort bekamen: „Wenn Sie es wagen, Schwester Teresa, dann wagen wir es auch!"
Jeder Anfang ist ein kleines Wunder in der Kirche, und wir haben dieses Wunder erlebt. Deshalb liebe ich meine Kirche so sehr. Alles ist möglich, wenn wir auf Gottes Geist vertrauen. Aber alles braucht Menschen, die diesem Gott etwas zutrauen und die den Mut zum Dienen und Lieben nicht verlieren.
Als wir nach dem Gespräch vor dem Bamberger Dom standen, waren wir selbst fassungslos. Wie bringen wir das nun unseren Gemeinschaften bei und unseren Generaloberinnen. Gott hatte uns die Tür geöffnet, jetzt waren wir gefordert.

Turbulente Zeiten

Ich weiß heute wirklich nicht mehr, wie ich alles bewältigt habe. In einem halben Jahr kam alles zusammen: meine Prüfung in Schule und Gemeinde, monatlich zwei Auftritte mit dem Musical in verschiedenen Städten, der Katholikentag in Dresden mit den vielen Vorbereitungen für die hundert Teilnehmer, die Gründung einer neuen Kommunität mit all den zahlreichen Entscheidungen, wie sie aussehen soll, wie wir uns nennen werden, wie unser Gewand aussieht, wer es nähen kann, welche rechtlichen Dinge wir zu bedenken hatten. Ich arbeitete oft nachts, um eine Grundstruktur für unsere Gemeinschaft zu entwickeln. Bei den vielen Kontakten, die notwendig waren, musste ich sehr diskret vorgehen. Eine große Zeit voller Turbulenzen, aber jeder Tag war erfüllt von der Dynamik eines neuen Aufbruchs. Natürlich hatte ich auch zwiespältige Gefühle, mit denen ich fertig werden musste. Jetzt kam mir alles in meinem Orden so wunderbar vor. Ich hatte mich etabliert in meiner Arbeit für das Bistum, und nach den vielen Einladungen zu urteilen, die ich erhielt, wäre ich mehr als beschäftigt gewesen. Jetzt wurden mir die Bindungen bewusst, die Sicherheit und die angenehmen Gewohnheiten, so dass die Aussicht, alles zu verlassen, bitter war. Was würde ich alles zurücklassen? Ich liebte meine Gemeinschaft, und ich verdanke ihr sehr viel, hatte ihr aber bis zum Schluss auch alles gegeben, was ich konnte. Ich könnte niemals von den Dingen, die für mich belastend und schwer waren, schlecht reden. Ich war Jesus nachgefolgt, und ich würde das niemals zurücknehmen. Die Schwierigkeiten und die Kreuze, die ich zu tragen hatte, gehörten zu meinem Leben. Ich stand vor meiner letzten Bindung an die Gemeinschaft, und ich entschied mich zu gehen, weil Gott mich weiterführte. Der Verlust war wohl auf beiden Seiten groß. Mit Verlust können nicht alle gut umgehen. Wir sollen alles prüfen, sagt der Apostel Paulus, und das Gute behalten.

Maradona und Schwester Teresa

In die Stadt Dresden habe ich mich verliebt. Der Katholikentag war ein absoluter Höhepunkt für mich, und was mir der Auftritt mit unserem Musical im Kulturpalast vor 3000 begeisterten Zuschauern brachte, bleibt in mir und kann mir niemand wegnehmen.

Als wir fünf Minuten vor dem Auftritt hinter dem Vorhang standen, waren alle Strapazen der Vorbereitungen und alle Aufregungen vergessen. Ich richtete noch ein paar ermunternde Worte an meine Truppe. Der jüngste Sänger war fünf Jahre alt, und 3000 Menschen fingen an, uns herauszuklatschen, damit wir anfingen. Später erfuhr ich, dass ebensoviel vor der Tür standen und nicht mehr hineingekommen waren. Was sagt man in einem solchen Moment? Wir beteten. Ich wusste, ich hatte mein Versprechen erfüllt, dass der Katholikentag für alle, die mitmachten – viele mussten sich extra Urlaub für diese Tage nehmen –, etwas ganz Besonderes in ihrem Leben sein würde. Wir standen auf der 30 Meter breiten Bühne und sangen, tanzten und bekannten uns zu der Ansteckungsgefahr, die Gott in unserer Gemeinde ausgelöst hatte. Das Publikum ging begeistert mit, und es war eine unbeschreibliche Stimmung.

Wir wurden zu endlosen Zugabe herausgefordert. Da wurde ich unsanft von der Bühne gezogen, denn ich musste zu einem Live-TV-Interview vom Katholikentag. In diesem ersten Interview vom Katholikentag wurde ich nach meiner Zukunft gefragt, und ich erklärte, dass ich in einer Woche in einer neuen Gemeinschaft leben würde, die wir neu gegründet haben. Und so war es auch tatsächlich: bis Sonntag auf dem Katholikentag, am Montag meine Abschlussprüfung im Bistum Fulda, Dienstag Austritt aus meiner Gemeinschaft und Beginn mit meiner neuen Gemeinschaft in Pegnitz. Am nächsten Tag hatten wir erneut eine Aufführung. Danach, Punkt zwölf, war ich zum Streetball, dem Basketballspiel auf der Straße, für das ARD-Mittagsmagazin geladen. Es macht Spaß, und ich wusste nicht, dass Fotografen sich um das Spielfeld tummelten. Am nächsten Tag wurde ich informiert, dass ich die Bildzeitung kaufen sollte. Im oberen Teil betete der Fußballer Maradona, auf der anderen Hälfte sah man mich, wie ich einen Ball schoss. Ich war jedenfalls nicht mehr sicher, und ich weiß nicht, wie viele Autogramme ich in diesen Tagen geschrieben, wie viele Interviews ich gegeben und welche Freude wir als Christen miteinander gefunden hatten. In der ganzen Stadt herrschte eine ausgelassene, fröhliche Atmosphäre, und mir bangte nicht vor der Zukunft, die vor mir stand. Das Schönste war, dass alle von meiner Gemeinde auf der Straße angesprochen wurden und sie wegen des Musicals gelobt wurden. Abends lud ich meine Kleinsten in ein vornehmes Bistro zum Eisbecher ein. Sofort kamen Autogrammjäger. Da meldeten sich die jüngsten Stars: „Und was ist mit uns?“ Natürlich durften auch sie unterschreiben, und Schwester Claudia und ich trugen sie abwechselnd auf den Schultern nach Hause.

Abschied tut weh

Als ich mich in Hanau bei den Schwestern verabschiedet hatte und mein Ordenskleid mit dem neuen Gewand der Kleinen Kommunität gewechselt hatte, erwartete mich im Hof eine große Schar von Kindern und Gemeindemitgliedern, um mich zu verabschieden. Jeder hatte eine rote Rose in der Hand. Mir brach es fast das Herz, aber ich musste meinen Weg weitergehen. In vielen Gesprächen hatte ich versucht, meinen Schritt zu erklären. Dabei fiel es mir selber schwer, meine Arbeit in Hanau mit den unzähligen Begegnungen aufzugeben. Ich liebte diese Stadt, ich liebte die Menschen und ich liebte meine Arbeit. Ich wusste damals nicht, um welchen Preis ich dies alles verließ. Ganz auf Gott vertrauend, fuhren wir in unsere neue Heimat nach Franken, genauer gesagt nach Pegnitz in der Fränkischen Schweiz.

KLEINE WUNDER, GROSSE WUNDER

Ein offenes Haus

Für Pegnitz konnte ich mich von Anfang an begeistern. Ich hatte diese Kleinstadt in Oberfranken schon vor 13 Jahren liebgewonnen, als ich kurz vor meinem Klostereintritt zum ersten Mal hier sein durfte. Herrlich gelegen in einer abwechslungsreichen Landschaft, schien mir hier die Welt noch in Ordnung zu sein, alles intakt und gemütlich. Ich staunte über die gesellschaftliche Situation mit starker Präsenz beider Kirchen und war überrascht von der innovativen Politik, die hier von dem Bürgermeister betrieben wird. Ich glaube, er kennt jeden seiner Bürger mit Vornamen. Ebenso freute ich mich über das herzliche Verhältnis mit den evangelischen Pfarrern und Pfarrerinnen und der evangelischen Kirche. Das ist für mich Ökumene pur. Ich staunte über die ganze Infrastruktur: das eigene Krankenhaus, viele Schulen, die Geschäfte, die Unternehmen, die fränkischen Gasthäuser und ein weltbekanntes Hotel, „Pflaums Posthotel", das schon viele Stars besuchten. Und rundherum erholsame Natur. Also, hier muss es doch so viele zufriedene Menschen geben, war meine erste Feststellung. Das große Pfarrhaus, unser Zuhause, war früher ein Finanzamt, und wir richteten die geräumige Wohnung so her, dass man sich einfach wohl fühlen musste. Schließlich sollten hier sehr viele Menschen ein und ausgehen. Unser Anliegen war es, ein offenes Haus der Gastfreundschaft zu schaffen.

Das Charisma der Freude

Der Generalvikar der Erzdiözese Bamberg, Alois Albrecht, der sehr aufgeschlossen ist für neue Entwicklungen in der Kirche, sprach bei unserer Einführung in der Pfarrei Herz-Jesu in Pegnitz von einer besonderen Gabe, die er bei uns spüre, vom Charisma der Freude. Er sei neugierig, wie es mit uns weitergehen würde, und lud die Gemeinde dazu ein, erst einmal auch neugierig zu sein, was Gott hier Neues beginnen ließ. Schließlich seien wir junge Menschen, die Freude daran hätten, in der Kirche zu arbeiten und für sie zu leben. Ja, das war es, wir haben von Gott diese Gabe bekommen, eine Lebensfreude, die aus dem Glauben entspringt und uns miteinander glücklich sein lässt, in einer offenen und vertrauensvollen Freundschaft. Und wir lebten diese Freundschaft nicht exklusiv, sondern wir luden alle dazu ein, soweit sie bereit waren, sich darauf einzulassen. Es ist nicht einfach, eine neue Gemeinschaft „aus dem Boden zu stampfen", ohne dabei Fehler zu machen. Es war schwer, unsere Lebensform zu erklären, da wir am Anfang standen und unseren Weg erst suchen mussten. Wir wussten jedenfalls, war wir nicht sein wollten, und wir wussten, dass wir drei Ziele verwirklichen wollten: Gemeinde aufbauen, Freundschaft mit den Menschen leben und Gott in allen Dingen suchen und finden. Erst im Gehen erkannten wir unseren Weg. Das brauchte Zeit. In dieser Zeit sind wir durch eine harte Schule des Unverständnisses, der Ablehnung und der Anfeindung gegangen. Menschen haben sich uns angeschlossen und sind wieder gegangen, und wir mussten auch manche wegschicken. Wir hatten sie bedingungslos angenommen mit all ihren Erwartungen und Ansprüchen, denen wir nicht gerecht werden konnten. Man kann nicht nur nehmen wollen, man muss sich in eine Gemeinschaft auch einbringen. Die Voraussetzungen, in Pegnitz zu beginnen, sahen für uns am Anfang so positiv aus, dass wir mit so vielen bitteren Erfahrungen und Widerständen durch Mitchristen gar nicht rechnen konnten, wie wir sie in den ersten Jahren erfahren mussten. Eine derartige Stimmung gegen uns bleibt uns bis heute unerklärlich. Wir lebten ganz offen und unbekümmert, aber sicher ganz anders, als man sich dies traditionell von einem „Orden" – der wir ja gar nicht sind und sein wollten – vorstellen konnte. Wir waren anders. Das genügte schon. Eigentlich sind sich alle in der Kirche darüber einig, dass sich vieles ändern muss, aber wehe, es kündigt sich in der eigenen Gemeinde an. Eine ganz schwere Zeit mussten wir durchstehen. Die Freude hat uns jedoch trotz allem nicht verlassen. Dieses Charisma, das aus dem Glück des inneren Friedens und der Leidenschaft für das Leben entspringt, ließ unsere Liebe zur Kirche nur noch mehr wachsen und lässt uns weiter festhalten an unserem Weg.

Hundert Tage mit hundert Anfragen

Mit sehr viel Enthusiasmus begannen wir, uns im Pfarrhaus einzurichten und uns auf die Arbeit vorzubereiten, die nach den Sommerferien in der Pfarrei beginnen sollte. In der ersten Woche hatten wir jedoch schon Besuch: Es war eine Autorin, die mich täglich ein paar Stunden für das Buch „Selbstbewusst im Kloster" interviewte. Ordensfrauen erzählten in diesem Band von ihrem Leben und werden jeweils in einem Kapitel vorgestellt. Die Autorin lebte mit uns, half sogar beim

Einrichten, und es war eine schöne Erfahrung für uns. Außerdem waren zwei Jungs aus meiner Band in Hanau da, um uns zu helfen. Wir waren eigentlich noch gar nicht aufnahmefähig, als der nächste Besuch sich einstellte: eine alleinerziehende Mutter mit ihrem sechsjährigen Sohn. Auch wenn ich sie wegen des Chaos in unserem Haus abwimmeln wollte, gab sie nicht nach und verbrachte dann ein paar Tage bei uns. So ging es weiter. Anrufe und Anfragen, gemeldete und spontane Besuche überfluteten uns. Nachdem wir uns endlich einigermaßen eingerichtet hatten, konnten wir unseren ersten gemeinsamen Urlaub machen. Wir planten eine Wallfahrt nach Assisi und Rom und dann anschließend einen Aufenthalt in einem Haus meiner Eltern in Kroatien. Ich war völlig leer gepumpt. Nach neun Jahren Kloster, den letzten anstrengenden Jahren in der Großstadt und den temporeichen Ereignissen in den Monaten vor der Gründung konnte ich zum ersten Mal wieder ausspannen, kam endlich wieder ins Ausland und ein wenig zur Ruhe. Mein Körper hatte mein intensives Leben gesundheitlich nicht gut verkraftet, und meine Seele war noch nicht nachgekommen. Nun verlebten wir wunderbare Wochen. Wenn ich auch danach gesundheitlich noch angeschlagen war, so war ich doch wieder eine Kämpferin geworden.

Kaum waren wir zu Hause, ging es wieder los mit den Anfragen. Manchmal hatten wir auch wirklich merkwürdigen Besuch, und auch die Art, wie jemand kam, war manchmal ungewöhnlich, sogar unverschämt. Manche riefen an und sagten, sie hätten schon die Fahrkarte und kämen in circa zwei Stunden an. Nun ja, ein Haus der Gastfreundschaft wollten wir sein. Darüber ließ sich viel erzählen. Einmal kam jemand, der uns nach einigen Tagen mit der unverblümten Forderung von 300 000 Mark überraschte, die er bräuchte, damit er sein Elternhaus umbauen könne. Er wurde sehr

böse und ausfällig, weil wir ihm das Geld nicht geben konnten. Ein anderer Besuch wollte mir 50 000 Mark geben, wenn ich mich öffentlich für das ungeborene Leben einsetzte. Ich setze mich schon für das ungeborene Leben ein, aber ich bin nicht bereit, jede Frau, die abgetrieben hat, als Mörderin zu titulieren, wie er es von mir erwartet hätte. Eine ältere Frau, sie war Amerikanerin, suchte eigentlich nur einen Ort fürs Ruhealter und hätte uns auch ihre Dollars mitgebracht! Wir erkannten sehr schnell, dass es zwei Personenkreise gab, vor denen wir uns hüten mussten: die, die nur Geld wollten, und die, die Geld bringen wollten.
Ich führte die Erstgespräche, dann übernahmen die anderen das „Betreuen". Das gelang nur, insofern die Gäste nicht nur auf mich fixiert waren. Dies kostete mich sehr viel Kraft. Andererseits gab es wirklich Interessierte, und auch verschiedene Priester kamen, die sagten, dass sie eine solche Form von Gemeinschaft in ihrem Leben suchten, weil sie sonst nicht mehr weitermachen oder durchhalten könnten. Die Einsamkeit würde sie auffressen. Andere halfen uns durch die Gespräche, die wir untereinander führten, unseren Weg deutlicher zu sehen. Außerdem hatte auch unsere Pfarrarbeit begonnen, und wir versuchten in der Gesellschaft dieser Kleinstadt Fuß zu fassen und erhielten am Anfang viele Einladungen. Es ist schön, willkommen geheißen zu werden, gerade wenn man neu ist. Aus ganz Deutschland und sogar aus dem Ausland kamen Interessierte zu uns. Aus der Gegend wagten sich allerdings erst sehr viel später Christen zu uns. Als einer dieser Besucher die Treppe hinunterging, hörten wir: „Heute waren wir aber mutig." Und natürlich interessierten sich die Medien für mein neues Werk. Das war für mich nichts Besonderes, ich hatte ja die Jahre vorher nicht Däumchen gedreht. Für die Menschen einer Kleinstadt war das natürlich etwas Ungewohntes, ob-

gleich mich einige in der Gemeinde schon kennen mussten: Erstens hatten wir hier unser erfolgreiches Musical aufgeführt, und zweitens hatte ich einen Besinnungstag gehalten, an dem ich sehr deutlich meine unkonventionelle Art zu leben und zu glauben zum Ausdruck gebracht hatte. Nur war ich damals jemand, der wieder wegfuhr. Jeder „Prophet“ hat es im eignen Land schwer!

Der Lügendetektor

Noch während des Urlaubs rief mich erneut die Redaktion von „Schreinemakers live“ an und lud mich zu einer zweiten Sendung ein, in der es über Klöster ging. Margarete wusste von der Neugründung, und es war ein frohes Wiedersehen mit ihr und der ganzen Redaktion. Die anderen eingeladenen Ordensleute gaben ein frohes Statement über ihr Leben, und ich fühlte mich sehr wohl. Plötzlich lud mich Margarete ein, mich an einen Lügendetektor anschließen zu lassen. Mir verschlug es zuerst die Sprache, aber dann dachte ich, dass viele große Stars, sogar Bischof Dyba, sich einmal hatte testen lassen. Warum also nicht, ich hatte ja nichts zu verbergen! Zehn Fragen wurden mir gestellt, und ich reagierte ganz spontan, ohne zu überlegen. Wenn man nur Ja oder Nein sagen kann, gib es keine Möglichkeit, sich groß zu erklären. Eine Frage lautete: „Willst du einen neuen Papst haben?“ Ich sagte spontan „Ja“, und Margarete gab mir später Gelegenheit, mich dazu zu äußern. Ich sagte, dass die Menschen erst begreifen, was Papst Johannes Paul II. Großes vollbracht hat, wenn er nicht mehr da sein wird, und davon bin ich auch überzeugt. Er hatte sich auf den Weg zu den

Menschen gemacht. Ich glaube aber, dass wir für das nächste Jahrtausend einen Papst aus Afrika oder Lateinamerika bräuchten. Ich konnte ja, wie viele wohl in unserem Land damals nicht ahnen, dass sein Nachfolger ein deutscher Papst sein würde. Eine weitere Frage war eigentlich kaum zu beantworten. „Liebst du jemand mehr als Gott?“ Ich hatte geantwortet „Ja“. Lange ist mir diese Frage noch nachgegangen. Wer kann das von sich sagen, dass er Gott, „den er nicht sieht“, mehr liebt als einen Menschen, „den er sieht“? Jesus könnte ich es zutrauen.
Nach der Sendung saß ich noch lange mit der Margarete zusammen, und wir unterhielten uns über die neue Gemeinschaft. Sie war sehr begeistert, und als ich vom Freundschaftskreis sprach, sagte sie spontan, dass sie dazugehören möchte. Das war für mich eine große Freude. Weder Margarete noch ich konnten in dieser Nacht ahnen, was die Medien daraus machen würden. Wir wussten noch nicht, dass wir beide, jede in ihrem Bereich, Rufmord über uns ergehen lassen mussten. Für uns zählte die gute Begegnung und die Freundschaft, wenn sie auch nur in großer äußerer Entfernung gelebt werden konnten. Es war nicht von ungefähr, dass mit ihrem öffentlichen Bekenntnis zum Glauben und zur Kircheauch die Propaganda gegen sie begann. Leider habe ich das alles viel zu spät erfahren, und ich glaube, dass nur jemand, der selbst durch Rufmord gegangen ist, das verstehen kann. Mir sollte, durch Mitchristen verursacht, das Gleiche blühen. Ich sollte mich öffentlich von Margarete Schreinemakers distanzieren, hieß es. Wie könne jemand zu einer religiösen Gemeinschaft gehören, die solch zweifelhafte Sendungen machte? Nun, auch wenn ich bedauerlicherweise kaum noch Kontakt zu Margarete Schreinemakers habe, so hätte ich das niemals getan. „Du bist zeitlebens für das verantwortlich, was du dir vertraut gemacht hast“, sagt Antoine de Saint-Exupéry in „Der kleine

Prinz". Wenn ein Freund oder Verwandter oder mein Mitchrist, Bischof oder Papst etwas tut, was ich nicht gleich verstehen kann, werde ich doch nicht zueiner Zeitung gehen und mich von ihm distanzieren, auch nicht, wenn das Leiden bedeutet. Feiglinge tun dies, Freunde nicht!

Wir brauchen mehr Treue zu den Gescheiterten

Wie schnell werden Menschen in unserer Gesellschaft abgeschrieben! Da macht ein Jungunternehmer Konkurs, weil er sich übernommen hat, und fällt aus der Gesellschaft heraus; da geht jemand als Zweiter beim olympischen Endlauf über hundert Meter durchs Ziel, und kein Mensch spricht mehr von ihm; da kann ein Arbeiter den festgesetzten Akkord am Laufband nicht mehr schaffen und wird frühzeitig in Pension geschickt; da kommt jemand ins öffentliche Gerede und wird von vorherein in den Medien verurteilt.
Da gab es einmal einen Menschen, der keinem Beruf nachging, der lieber durch das Land zog und predigte, der unkonventionelle Methoden der Heilung anwandte, der naiv von Liebe unter den Menschen redete und die führenden Köpfe in Frage stellte. Es war klar, was mit so einem zu geschehen hatte: Er wurde gekreuzigt, und seine Anhänger liefen davon und versteckten sich. Auch ein Gescheiterter? Für die Menschen ist so einer bald vergessen. Er wird ins Grab gelegt, und keiner spricht mehr über ihn.
Das einzig Merkwürdige ist, dass dieser Eine sich auch im Tod nicht an die Regeln hielt, sondern auferstanden und damit ein neues Leben für alle schuf, die an ihn glaubten. Damit durchbrach er den Kreislauf des Bösen. Er nahm die

Gestalt der Gescheiterten an, aber Gott ließ ihn nicht fallen. Er wurde von Gott gerettet, um alle zu retten, die aus Schuld und Schwäche scheitern. Gott zeigte damit, dass er auf der Seite der Gescheiterten steht. Jesus selbst wurde zur befreienden Botschaft für alle Menschen. Er verzieh sogar seinem feigsten Anhänger und vertraute ihm die christliche Zukunft an, Petrus, einem „Versager".

Ich bin sicher, das wäre heute zunächst monatelang Stoff für die Presse. Und was danach? Wenn ein Mensch gebrandmarkt ist und sein Ansehen verloren hat? Da geht etwas schief, und plötzlich ist alles vergessen, was gut war; was bisher erreicht wurde. Ich habe mich nicht beeindrucken lassen, als Magarete Schreinemakers öffentlich niedergemacht wurde, in einer Zeit, als sie begann, sich offen zu ihrem Glauben zu bekennen und zur Kirche zu stehen. Plötzlich wurde sie zur Sünderin der Nation gemacht. Da ging es schon lange nicht mehr um die Wahrheit, sondern um eine Hetzkampagne. Ich habe mich auch nicht beeindrucken lassen, als man Friedel Meier, einem guten Freund vom Johannesberg bei Aschaffenburg, im Michelinführer den Stern weggenommen hatte und ihn damit ins Gerede brachte. Ich habe kein Verständnis für diese Abwertung, denn keiner kocht so kreativ wie Friedel Meier. Auch lasse ich mich vom Gerede anderer nicht beeindrucken, wenn ich Umgang pflege mit Menschen der kleinen Welt, die in „der Gesellschaft" nicht viel gelten. Ich lasse mich auch nicht davon beeindrucken, wenn man den Papst und die Kirche in den Medien ständig in Verruf bringen will, ohne die vielen Christen, die tagtäglich in Kindergärten, Altenheimen, Krankenhäusern und Pfarreien ihren Dienst tun, zu erwähnen.

Es belastet mich aber, wenn ich spüre, wie wenig Barmherzigkeit in unserer Kirche, in der Gesellschaft und den Medien geübt wird.

Wir brauchen eine Kultur der Barmherzigkeit. Wir brauchen mehr Treue zu den Gescheiterten. Es genügt nicht, dass wir die Schablonen und das Schubladendenken der Massenmedien ablehnen, aber schnell ein Alibi suchen, wenn es darum geht, sich auf die Seite der Außenseiter, der Armen, der „Verrufenen“ und gescheiterten Menschen zu stellen. Dies stellt sich schnell heraus, wenn wir uns fragen, ob wir einen Behinderten, einen Arbeitslosen, einen Sozialhilfeempfänger zum Freund haben oder auch jemandem, mit dem andere nichts zu tun haben wollen, weil man ihn, wegen seines Erfolgs oder seines Reichtums beneidet. Wir müssen lernen, die Menschen so anzusehen, wie Gott sie ansieht, und ihnen damit ihr ursprüngliches, d.h. von Gott gegebenes Ansehen wieder neu zu geben.

Management by bible

Die Solidarität der Kirche mit den Gescheiterten darf nicht zu der Einseitigkeit führen, sich den Erfolgreichen gegenüber misstrauisch oder ablehnend zu verhalten. Gott hat jedem einmalige Talente gegeben und er erwartet, dass jeder erfolgreich damit umgeht. Ich halte es für besser, von Erfolgreichen zu lernen, als ihren Erfolg zu schmälern.
Ich war trotzdem mehr als überrascht, als das Telefon klingelte und sich ein Anrufer meldete mit: „Institut für angewandte Kreativität“, und musste zweimal hinhören. Für ein Management-Forum „Vorsprung durch Einmaligkeit“ im Hotel Kempinski in Frankfurt hätte man mich gerne als Referentin. Mir verschlug es die Sprache, und ich gab zu beden-

ken, ob man sich nicht in der Adresse getäuscht habe, denn eine „fromme Schwester" wäre am Apparat. Die Frau am anderen Ende ließ sich dennoch nicht abwimmeln. Man hätte von mir gehört, wie einmalig und innovativ ich in der Kirche wäre. Man wollte mich hartgesottenen Managern als Beispiel für Innovation vorführen. „Was soll ich denen denn erzählen?" fragte ich, „doch nicht etwa etwas vom lieben Jesulein?" Das wäre mir überlassen. Also so etwas, das hatte ich noch nicht erlebt! Als ich den Konferenzraum im Hotel Kempinski betrat, war mir schon etwas komisch zumute, aber andererseits, wenn Gott mich hierher bestellt hatte, dann würde er mich auch die richtigen Worte finden lassen. Viele vornehme Krawatten sah ich, und der Duft „der großen weiten Welt" hüllte mich ein. Mein erstes Statement war „kurz und schmerzlos" und brachte die Manager zum Lachen: „Ich komme von einem wenig innovationsfreudigen Unternehmen, Kirche genannt, ich habe mich aber selbständig gemacht und kann ihnen versichern, dass es in der Kirche noch unglaublich viele Ressourcen gibt, die noch nicht ausgeschöpft sind." Es war wirklich merkwürdig. Bei der Aufteilung des Plenums in Gesprächsgruppen war der Raum, in dem ich mein Referat hielt, sofort überfüllt. Gott gab mir die richtigen Worte. Ich war darüber nicht weniger überrascht als von den anderen Vorträgen, und ich bedauerte wirklich, dass hier keine Bischöfe oder Priester saßen. Hier konnte man etwas lernen, und ich lernte. Ein Jahr später war ich wegen der begeisterten Resonanz erneut eingeladen. Allerdings wurde diesmal der Veranstalter in einer Wirtschaftszeitung lächerlich gemacht, weil er eine katholische Schwester eingeladen hatte. Für mich waren die Vorträge eine gute Schule. Die Botschaft dieses Kongresses hieß unter anderem: „Wir dürfen Fehler machen!" Ob wir das auch so in der Kirche und Gemeinde sagen können? Interessante und innovative Kontakte konnte ich mit Menschen knüpfen, die versuchten, kreative Ideen in die Wirklichkeit umzusetzen. Für meine neue Gemeinschaft jedenfalls hatte ich viel gelernt. „Die Kinder dieser Welt sind halt manchmal klüger als die Kinder des Lichtes!“

Schwungvoller Anfang

Ich liebte meine neue Gemeinschaft, für die ich während meiner neun Klosterjahre sehr viel gebetet hatte, schon allein deswegen, weil Franz ihr als Pfarrer diente. Er hielt die Pfarrei für sehr aufgeschlossen, weil er in vielen Jahren guter Zusammenarbeit mit erfreulich vielen ehrenamtlichen Mitarbeitern viel von seinen Vorstellungen von einer lebendigen Pfarrgemeinde verwirklicht hatte. Er war stolz auf sie, sie galt als eine Musterpfarrei. Er selbst war mit seiner Pfarrei gewachsen und auch gealtert. Er musste feststellen, dass er nicht leisten konnte, was immer mehr von ihm selbstverständlich erwartet wurde. Er hatte seine ganze Kraft und sein Leben für diese Pfarrei eingesetzt. Er glaubte, dass sie für uns zusammen ein wunderbarer Ort des Neubeginns sein könnte. Er glaubte an einen neuen Schwung, der nun aufbrechen könnte, und war mit seiner Begeisterung kaum zu bremsen. Schließlich waren wir nun ein Team von „Arbeitern“, er war nicht mehr Einzelkämpfer. Er musste mit seinem Kaplan nicht mehr aus dem Kühlschrank leben oder sich von „Essen auf Rädern“ versorgen lassen; er hatte nun eine Gemeinschaft, die für ihn sorgte, betete und arbeitete. Das war für Priester, die zölibatär leben, ein Zeichen für einen Schritt in die Zukunft. Ein Zuhause, eine „geistliche

Familie“ zu haben, ein Pfarrhaus, in dem Leben ist, und nicht nur eine Anlaufstelle, die nur während der Bürozeiten besetzt ist. Wir hatten einen Traum verwirklicht, eine wirkliche Alternative für zölibatäre Priester. Auch ein Pfarrer kann nur geben, was er hat. Auch er muss sein eigenes Leben ein Stück leben dürfen, um für die Menschen da sein zu können. Sonst ist er menschlich überfordert. Ein Priester in unserer Zeit müsste eine Mischung von „Superman“ und „Pfarrer Fliege“ sein, mit einem Wort: Er darf alles sein, nur nicht er selbst.
Wie sieht denn das Leben in Pfarrhäusern aus und wie könnte es aussehen? Wir hatten eine kleine Antwort darauf gefunden. Der Pfarrer in unserer Mitte blühte auf, und nicht wenige stellten eine neue Heiterkeit an ihm fest. Viele leerstehende Zimmer seines Pfarrhauses wurden genutzt, mit uns war die Freude begeisterter Menschen eingezogen.

Es niemandem recht machen können

Umso niederschmetternder war für uns die Reaktion auf unseren Start. Als hätten wir von Anfang an, ohne Übertreibung, alles falsch gemacht. Hielten wir uns am Anfang zurück, um einen Überblick zu bekommen, wurde es uns ausgelegt, als würden wir nichts tun. Engagierten wir uns, hieß es, wir würden den Laien die Arbeit wegnehmen. Sprach der Pfarrer über die Gemeinschaft, war es für die einen zu viel, die anderen waren sauer, weil sie nicht genug Informationen hatten. Saßen Schwestern in der Kirche nicht zusammen, weil eine von uns später kam, hieß es, wir seien verkracht. Traten wir gemeinsam auf, wollten wir uns nur in den Vordergrund stellen. Vor allem kam eine Stimmung auf, als hätte der Pfarrer jetzt keine Zeit mehr für die Gemeinde, und wir wären daran schuld. Es war schon erschreckend, wie Menschen sich innerhalb einer Gemeinde ihrem Pfarrer gegenüber verhalten können, von dem sie schon 20 Jahre wussten, wie er für sie lebte und sie liebte. Dass es ihm innerlich besser ging und dass er sichtbar auflebte, wollten die nicht wahr haben, die nicht gelten ließen, dass er anders war, als sie sich ihn vorgestellt hatten. Es hatte alles so zu bleiben, wie es war. Vielleicht hatten wir auch nicht berücksichtigt, dass einige, die vorher mehr Einfluss hatten, sich übergangen und damit zurückgesetzt vorkommen mussten. Ich hatte in meinen Arbeitsbereichen überall die gleiche Erfahrung gemacht: Viele Menschen lassen nur gelten, woran sie selbst beteiligt sind, andernfalls „rächen" sie sich. Die Gerüchteküche einer Kleinstadt trug ihr Eigenes dazu bei. Noch nie hatte ich so etwas in diesem Ausmaß erlebt. Am Anfang mussten wir über manches Gerücht schmunzeln, aber bald schon wurden Vorwürfe, die wir immer über Dritte oder Vierte erhielten, radikaler und unverschämter. Ich wurde ständig beobachtet: wo ich einkaufte, mit wem ich sprach, mit wem ich nicht sprach. Eine Frau, die ich von Anfang an grüßte, die aber ein halbes Jahr nicht darauf reagierte, machte mir ein Jahr später den Vorwurf, dass ich sie nie besucht hatte. Langsam spürten wir immer deutlicher die Ablehnung auf vielen Gesichtern, auch wenn wir es nicht verstehen konnten. Was hatten wir getan? Was wir auch taten, wurde uns von irgendwem falsch ausgelegt. War ich in Hanau berühmt dafür geworden, auch mal in die Kneipe zu gehen, war der erste Besuch einer Pizzeria mit Jugendlichen ein Stein des Anstoßes. Wie viel schwerwiegender waren Besuche im besten Hotel der Stadt, ungeachtet ob ich dort von Freunden eingeladen worden war. Und weil ich und wir das taten, waren wir für manche keine richtigen Schwestern. Wir fühlten uns wie „Ausländer". Manche ließen uns spüren, dass wir nicht willkommen waren. Drei Schwestern im Pfarrhaus, welch ein Skandal! Man sprach nicht mit uns, aber über uns. In dieser ersten Zeit machte mich dies krank. Fieberschübe überkamen mich plötzlich. Das war schwer für mich, für meine Mitschwestern und Brüder. Gott muss meinem verständnisvollen begnadeten Hausarzt alles das vergelten, wie er sich für mich eingesetzt hat. Ich verdanke vor allem Dr. Lindner, dass ich überlebt habe. Ich hatte so viele Jahre in der Kirche geschuftet, und hier wurde ich abgelehnt wegen Äußerlichkeiten. Ob es mein Mantel oder meine Schuhe waren, jede Kleinigkeit wurde zum Stein des Anstoßes. Schwester Claudia und ich haben in dieser Zeit oft nur gedacht: „Das ist hier schlimmer als im Kloster!"

In der „Bütt"

Gerne nahmen wir in dieser Zeit eine Einladung an, beim jährlichen karnevalistischen Galaabend der Stadt in die Bütt zu gehen. Hier hatten wir die Gelegenheit,die vielen Gerüchte aufzugreifen, und vorzuführen, dass wir ganz normale Menschen waren. Selbst die unmöglichsten der Gerüchte setzte ich in Verse um: Mit der Lokalpresse in der Hand kommentierte ich, was der Pfarrer und die Schwestern szenisch darstellten:

„Im Märchenbuch der Stadt kann man weiterlesen,
so was ist ja noch nie dagewesen!
Tut der Prinz (Pfarrer) nach den Schwestern winken

wird er verwöhnt mit Parmaschinken – ...
Man hat sich früher auch nicht viel aus ihm gemacht
und ans Verwöhnen hat keine Frau gedacht.
Doch seit man die Schwestern im Pfarrhaus weiß,
sind auf einmal alle auf ihn heiß!"

Und natürlich habe ich auch über mich selber gelacht und gedichtet:

„A weng zu dick und viel zu unkonventionell –
bei „Giovanna" und im Posthotel
bekannt im ganzen Bundesland –
passt denn das zu einem frommen Stand?"

Es war ein voller Erfolg. Wir hatten die Lacher auf unserer Seite und konnten viele Vorurteile abbauen. Ein halbes Jahr später initiierten wir ein Kirchenfestival, das Hunderte von Menschen anzog. Mein drittes Gemeindemusical, das ich hierfür komponierte und an dem sich über hundert Kinder und Erwachsene beteiligten, hieß „Herz – Los!" Es war sehr gut angekommen. Wir dachten, jetzt hätten wir es geschafft. Wir hätten gezeigt, was wir zu tun in der Lage waren, und die Gemeinde könnte „an den Früchten sehen", was wir für diese Pfarrei tun wollten. Ich habe damals nicht gewusst, dass es Menschen gibt, die sich überhaupt nicht überzeugen lassen wollen, auch wenn man ihnen das Gegenteil ihrer Behauptung beweisen konnte. „Ich will aber nicht anders denken!"
Traurig frage ich mich, was mit unserer Kirche los ist, richtiger gesagt, was mit manchen Christen eigentlich los ist.

Neues aus der Gerüchteküche

Es sollte für uns schlimmer kommen. Wie eine dunkle Wolke verbreiteten sich die Gerüchte und Vorwürfe über die Pfarrei und die Stadt. Es war eine anonyme Stimmungsmache, gegen die wir uns nicht wehren konnten. Es war grausam. Von einem evangelischen Pfarrteam in Frankfurt, das auch neue Wege probierte, las ich in ihrem Buch folgende Zeilen: „Zu legitimen Mitteln, nämlich mit uns zu reden, wurde nicht gegriffen, also benutzten manche Gegner der Veränderung eben illegale Mittel. Sie streuten Gerüchte, stellten unsere Motive in Frage, gaben Dinge an die Presse, die, ob wahr oder unwahr, großen Schaden anrichteten." Genauso erging es auch uns. Aber was war der Auslöser? Dass ich so anders war, als sie sich eine Schwester vorstellten? Dass wir miteinander glücklich waren in unserer Gemeinschaft? Es ist wohl kein Zufall, dass sich in dieser Zeit neun Fernsehanstalten für mich interessierten, mein Buch „Die kleine Nonne" erschien, und ich mit zwei weiteren Kandidaten zur „Bayerin des Monats" gewählt wurde. Obwohl die Anfeindungen gegen mich gerade in dieser Zeit immer heftiger wurden, habe ich meine Kontakte mit den Medien nie dazu benutzt, in die Öffentlichkeit zu bringen, was mir hier von einigen angetan wurde. Dies kam für mich deswegen nicht in Frage, weil es ganz im Widerspruch zu dem gestanden wäre, wofür ich in meinen Fernsehauftritten einstehe: für eine allen Menschen gegenüber aufgeschlossene Kirche, mit all ihren Schwächen und Fehlern; mit all meiner Begeisterung für eine lebendige Kirche, wie ich sie bisher erfahren habe. Leicht wurde mir dies nicht gemacht. Briefe wurden an den Bischof gegen uns geschrieben, die wohl zum Ziel hatten, uns hier zu zerstören. Nicht nur unsere Glaubwürdigkeit wurde in Frage gestellt, wir mussten erleben, dass uns unsere Würde genommen wurde. Ich war gesundheitlich in einem elenden Zustand. Ich werde nie verstehen, warum Menschen andere schlecht machen müssen, die sie nicht einmal richtig kennen, um zu sagen, dass sie selber so schlecht nicht sein können. Oder vielleicht rechnen die meisten nicht damit, dass das, was sie gegen jemanden tun und sagen, eines Tages doch offenbar wird. Ich kann alles vergeben, vergessen werde ich es wohl nie.

Diese Prüfung in meinem Glauben war sehr hart, und es wird lange dauern, bis ich alles mit genügend innerem Abstand schreiben könnte. Viele schlaflose Nächte haben wir erlebt, viele Tränen geweint und zu Gott geschrien. Immer wieder sprach ich davon, dass wir uns mit Liebe „rächen" sollten, aber es war schwer. Es wurde sich in den Vorwürfen oft nur an Äußerlichkeiten aufgehängt; für das, was Gott mit dieser Gemeinde und mit uns in dieser Gemeinde vorhatte, interessierten sich die wenigsten. Die Vorgehensweise gegen uns war krankmachend und zerstörerisch, und ich bekam Zweifel am Christentum. Das war nicht meine Kirche, die ich bis zu diesem Zeitpunkt erfahren hatte. Das waren einzelne Menschen, die sich Christen nennen, sich von vielen auf der Straße grüßen lassen und innerlich die ersten Plätze beanspruchten. Verletzte Menschen verletzen maßlos, und ich hatte bis dahin nicht geglaubt, was man imstande ist zu reden und zu tun. Das Problem ist, dass Hass den Hassenden vergiftet, nicht den Gehassten. Bis heute ist mir unbegreiflich, warum es für Menschen untragbar war und ist, dass ich nicht genauso glaubte und lebte, wie sie es für richtig hielten. Deswegen können wahrscheinlich viele Eltern nicht begreifen, warum ihre Kinder nicht mehr in die Kirche gehen und mit „denen" nichts mehr zu tun haben wollen. Leider haben wir zu spät gemerkt, dass persönliche Probleme

zu Gemeindeproblemen ausgeweitet wurden, und es sich im Grund um ein Generationsproblem handelte.
Wir hatten die Gemeinschaft gegründet, um noch näher am Menschen zu sein, so normal wie sie auch zu leben und Zeugnis zu geben, dass Kirche sich nicht nur für die interessiert, die jeden Sonntag in die Kirche gehen, sondern dass Gott jeden liebt. Vor dem Kirchgang steht nämlich die Erfahrung: Erst wenn ich berührt werde von diesem menschen- und lebens-freundlichen Gott, dann werde ich Anschluss suchen zu Gleichgesinnten, die selbst angesteckt sind von dieser Liebeserfahrung!

„Und was sagen denn da die Leute dazu?“

Nirgendwo habe ich diesen Spruch so häufig gehört wie hier in Franken: „Was sagen denn da die Leute dazu?“ Bisher glaubte ich immer, dass ich nach meinem Gewissen und besonders nach dem Evangelium zu leben habe und nicht danach, was anonyme, mir unbekannte „Leute“ sagen, von denen eigentlich niemand weiß, wer sie genau sind. Einmal, bei einem Geburtstagsbesuch, bei dem ich viele Gäste traf, kamen wir auf diese Frage zu sprechen, und ich erkundigte mich, wer die denn eigentlich seien, „die Leute“. Nach einem kurzen Schweigen bekam ich von einer Frau eine klare Antwort: „Wenn wir ehrlich sind, dann gehören wir alle dazu!“
Es muss eine unbändige Lust sein, über andere zu reden. Erleben wir selber so wenig, dass wir bei anderen ständig mitmischen, beziehungsweise uns einmischen müssen? Macht diese Machtausübung Spaß, oder ist dies ein Ablenkungsmanöver, weil man genau weiß, dass man selbst nicht

so lebt, wie man möchte? Erst wenn man selber ins Gerede gekommen ist, erfährt man, wie schmerzlich und übel das alles ist. Sich auf die Suche nach den Leuten zu machen, ist aussichtslos. Am Ende ist es keiner gewesen, und niemand hat je etwas gesagt oder will gar als Initiator des Geredes genannt werden. Jesus erkundigte sich einmal bei seinen Jüngern, was die Leute über ihn sprechen würden. Dann fragte er seine Freunde, was sie über ihn dachten. Ihre persönliche Meinung und Stellungnahme ihm gegenüber war ihm offensichtlich wichtiger. Von wem und wovon lassen wir uns eigentlich bestimmen? „Jeden Morgen meine Meinung aus der Zeitung", hat einmal Stefan Suhlke vor Jahren gesungen. Selbst Kinder, mit denen man auftreten und singen will, haben schon Angst, sie könnten falsch singen, und die Leute könnten dann darüber reden. Diese Angst ist lähmend, macht unfrei und verhindert, dass man sich zu leben traut, wie man es selbst für richtig hält. Man lebt dann nicht selbst, sondern wird gelebt. Gleichzeitig bewundern wir Menschen, die genug Persönlichkeit sind und sich nicht um die Meinung „der Leute" kümmern. So sagte ein Pfarrer, der als extravagant verschrien ist: „Wenn die Leute erst mal wissen, dass man sich selbst nichts mehr aus dem Gerede macht, dann lassen sie einen damit auch in Ruhe. Im Grunde beneiden sie uns ja nur um diese innere Freiheit und Unabhängigkeit, die sie sich selbst nicht nehmen."
Innere Freiheit habe ich nur durch Jesus erfahren. Er ist für mich das Medikament, das mich wirklich von Zwängen und der Abhängigkeit von Meinungen anderer befreit. Existenzberechtigung hängt nicht davon ab, wie viele Menschen mir gut oder schlecht zugeneigt sind. Ich weigere mich auch weiterhin, so leben zu müssen, wie „die Leute" reden. Ich versuche, nach dem zu leben, was Gott und die Bibel mir sagen, und höre auf mein Gewissen.

Wer ein gutes Herz hat, redet nicht schlecht über andere! In meiner Bekehrungsnacht bin ich über diese eine Stelle in der Bergpredigt gestolpert, dass die selig sind, die ein reines Herz haben, weil sie Gott schauen werden. Wenn ich mich um ein reines Herz mühe, dann werde ich diesen Gott in jedem Menschen schauen können.

Es ist sicher am Ende eines jeden Tages eine Überlegung wert, worüber wir den ganzen Tag geredet haben, beziehungsweise wovon wir unser Leben an diesem Tag bestimmen ließen. Dadurch befreien wir uns von den unbewussten Abhängigkeiten, damit wir die Freiheit finden, zu der uns Christus befreit hat.

Geht unsere Kirche an ihren Christen zugrunde?

Auf den unzähligen Vorträgen, die ich in kleinen und großen Gemeinden halten darf, erlebe ich einen ähnlichen kirchlichen „Wahnsinn". In der einen Gemeinde erfahre ich, dass es wegen einer Viertelstunde (die Gottesdienstzeit musste geändert werden, weil der alte Pfarrer es gesundheitlich nicht mehr schaffte) in der Gemeinde Krieg gab. Intrigen, Gerüchte, Spaltungen. Sind wir Christen noch zu retten? Ich schreibe dies nicht nur, weil ich selber angefeindet wurde. Ich schreibe dies, weil es eine Erfahrung unserer Kirche ist. Was sich im Kleinen abspielt, das spielt sich auch im Großen ab. Der Name der Verfolgten ist ebenso austauschbar wie derjenige der Verfolger, wobei sich die Verfolger als Opfer empfinden. Es ist ein Skandal, so zu tun, als gehe es einem schon schlecht, wenn man nur darunter leidet, dass sich etwas verändert. Dabei ist es oft gar nicht die Veränderung, sondern der Verdacht, es könnte sich etwas ändern, was Menschen bewegt, sich zu empören. Ich weiß nicht, warum Christen nicht spüren, dass erst durch unbedachtes Gerede Zwiespalt und Unfrieden entstehen und nicht dadurch, dass sich etwas verändert. Wehe, Gott käme auf die Idee, unsere Gottesdienste, Lebensformen, Ansichten oder Gewohnheiten zu stören, wie er es vor zwei Jahrtausenden mit seinem Sohn tat. Er würde gewiss festgenagelt werden. Ich schäme mich für alle Christen, die den Menschen, die sich sowieso mit der Kirche schwertun, ein solches Zeugnis vom Umgang miteinander geben. Als wüssten wir nicht, dass Gott uns in dem Maß richtet, wie wir andere beurteilenund richten. Und dass wir lügen, wenn wir behaupten, Gott zu lieben, aber einen Bruder oder Schwester hassen. Gnade uns Gott!

Gnade uns Gott, wenn wir ihn nicht erkennen, gerade dort, wo es uns am unbequemsten erscheint. Beim Evangelischen Kirchentag in Leipzig war ich Zeugin einer Begebenheit, die für mich symptomatisch für viele Kirchgänger ist. Als ich an einem Informationsstand wartete, beobachtete ich eine Frau, die sich nach verschiedenen kulturellen Angeboten erkundigte. Sie bekam einen Hinweis auf eine Veranstaltung, die den Titel trug: „Jesus von Nazaret“. Darauf die Frau: „Lassen sie mich bloß damit in Ruhe, ich will mir meinen Frieden bewahren.“

Das einzig Erfreuliche daran war wohl, dass „Sein Name“ bei jemandem noch für Aufruhr sorgt. Natürlich werde ich jetzt empörte Leser bekommen, die mir versichern, dass die Kirche niemals untergehen wird, denn Christus hätte dies versprochen. Oder andere, die etwas von ihrem Christsein halten, werden mich beschimpfen, wie ich so etwas schreiben könnte: „Die Kirche geht an ihren Christen zugrunde!“ Gerade weil ich zu meiner Kirche stehe und sie liebe, schreibe ich dies. Unsere Kirche hat schon 2000 Jahre alle Gesellschaften überlebt, also wird sie auch unsere moderne Gesellschaft überleben. Aber ob und wie sie mit uns Christen überlebt? Leben wir in der Kirche wirklich die Frohe Botschaft? Bemühen wir uns, die Forderung, unsere Feinde zu lieben, zu leben? Gehören zu diesen Feinden nicht oft schon die, die in der Kirche nur ein paar Bänke weiter weg sind, wenn wir sie ablehnen, weil sie anders denken, fühlen und glauben. Dabei kann man den Eindruck gewinnen, als ging es um alles Mögliche, außer um Gott. Und es geht doch darum, dass Menschen einen Zugang zur Liebe Gottes erfahren können, dafür sind wir doch Kirche. Gott hat dafür unendlich viele Wege und Möglichkeiten, und sie müssen schon gar nicht die unseren sein. Aber wie viel zerstören wir uns gegenseitig? Da bemüht sich eine Gemeindereferentin, eine neue Mitarbeiterin als Lektorin zum Vorlesen im Gottesdienst zu gewinnen, und es vergeht viel Zeit und Mühe, bis sie den Mut hat, diesen Dienst zu übernehmen, und dann hört sie beim Verlassen der Kirche: „Jetzt muss die sich auch noch da vorne hinstellen." Oder ich erfahre, dass ein junger Priester in eine Gemeinde kommt und keinen Gemeindereferenten annehmen will und kurz darauf über die Arbeit stöhnt, weil er alleine damit nicht fertig wird. Ein Gemeindereferent, der sich auf die Stelle in dieser Gemeinde beworben hatte und abgelehnt wurde, arbeitet seit dem nicht mehr in der Kirche. Jetzt bliebe mir nach allem Erlebten und Gesagten nur noch Resignation über die Kirche übrig. Aber da gibt es auch diese merkwürdige Stimme in mir, die vorsichtig lächelt, sich die letzten Tränen wegwischt und laut jubelnd sich dem zuwendet, der mich damals in jener Nacht zum Glauben führte. Ich weiß, dass ein kleines Senfkorn Glauben den Berg der Resignation forttragen kann. Dieses Senfkorn heißt Freude und Vertrauen und es heißt: Liebe.

Arabella Kiesbauer und die Sache mit dem Sex

Um den zahlreichen Einladungen nachkommen zu können, hatte ich von Anfang an nur eine halbe Stelle als Gemeindereferentin angenommen. So konnte ich neben meiner Arbeit in der Pfarrei und Schule auch immer wieder auf „Tour" sein; zu Jugendveranstaltungen, zu Vorträgen und Seminaren, zu Besinnungstagen oder als Talkgast im Fernsehen. Bei Anfragen für gewisse Sendungen, wie „Der heiße Stuhl" oder „liebe sünde", sage ich natürlich von vornherein ab. Auch vor Nachmittagsendungen graut es mir. Trotzdem gibt es immer wieder Gründe, die mich zu einem Auftritt bewegen. Als „Vera am Mittag" anfragte, ging es um das Thema: „Sind Leute, die ins Kloster gehen, weltfremd?" Na ja, da musste ich doch hin und meine Meinung sagen. Oder es geht wie bei Ilona Christen um Werte wie „Treue", die ich gerne vertrete, weil ich den Eindruck habe, dass sie unserer Gesellschaft verloren gehen. Bei „Arabella" war das anders! Als der erste Anruf der Redaktion mich erreichte, sagte ich spontan „Nein", schon deshalb, weil das Thema „Nie mehr Sex" hieß. Es war ein kurzes Gespräch. Drei Tage später rief mich noch ein Redakteur an und versuchte es noch einmal. Auch diesmal gab ich eine Absage. Wir diskutierten lange in der Gemeinschaft und waren uns am Ende alle einig, dass ich dort nicht hinfahren würde, nachdem wir uns einige Sendungen angeschaut hatten. Es kam kein Anruf mehr und die Sache war für mich erledigt. Denkste! Zwei Wochen später versuchte es die Redaktion aus München mit einem weiteren Anruf. Im Allgemeinen entscheide ich mich so, dass eine Anfrage für mich erledigt ist, wenn sich die Anrufer mit meiner Absage gleich abfinden. Geben sich die Anrufer allerdings damit nicht zufrieden, fange ich an darüber nachzu-

denken, ob Gott vielleicht seine Finger im Spiel hat. So war es auch hier. Nun beteten wir darum. Die Redakteurin beschwor mich zu kommen. Jemand aus der Redaktion hatte gesagt, dass es eine katholische Schwester gäbe, die sicher den Mut hätte, über ein Thema wie Sex zu reden. Ich nahm mir die Freiheit, das vor Ort noch zu entscheiden.
Bis zu diesem Zeitpunkt hatte ich gedacht, dass ich noch „in" war, was die jungen Leute betrifft, aber spätestens als ich die Warteräume betrat, wusste ich, dass ich eine „alte Kuh" war. Wie weit war ich von der Lebenseinstellung dieser jungen Generation weg, wie weit war Kirche weg! Ich fühlte mich mehr als unwohl, und mir kamen große Bedenken, ob ich nicht in das Auto steigen und wieder heimfahren sollte. Als Arabella zu mir kam und mich fragte, ob mir ihre Sendung gefallen würde, schockte ich sie wohl, denn ich fand die erste Aufzeichnung, die ich mitbekommen hatte, entsetzlich, und das gab ich ihr unmissverständlich zu verstehen. „Ich weiß nicht, ob ich hier bleibe!"
Was würde Jesus an meiner Stelle tun? Würde er heimfahren oder sich den Menschen stellen? Meine Gefühle waren zwiespältig. Der erste Teil der Sendung war, wie ich es erwartet hatte. Ein aufgeputschtes Publikum. Ich stand vor der Tür zum Publikum und bekam Magenschmerzen. Auf was hatte ich mich bloß wieder eingelassen?
Die erste Frage von Arabella war klar: „Schwester Teresa, hatten Sie schon mal Sex?" Ich antwortete, dass wir uns erst einmal sprachlich einigen sollten. Wenn Sie unter Sexualität einzig den Geschlechtsverkehr meine, dann hätte ich das noch nicht gehabt. Aber jedes Lächeln und jede Umarmung ist eine Form der Sexualität, wir sind schließlich ganzheitliche Menschen, und das lebe ich wie jeder andere auch! Aus dem Publikum kam sogleich die nächste Feststellung, dass ich doch früher auch die „Bravo" gelesen hätte, und dass

„das“ doch alle tun. „Ich fand es noch nie erstrebenswert, so zu sein wie alle anderen!“ Meine Antwort saß, und ich bekam zum ersten Mal Applaus vom Publikum. Hinterher sagte man mir, ich hätte die ganze Sendung gekippt. Jedenfalls konnte ich alles über die Kultur der Liebe loswerden, was mir am Herzen lag. Mein Auftritt war ein großer Erfolg, und die unzähligen Anrufe, die bei „Pro 7“ eingegangen waren, bestätigten dies. Am nächsten Tag erhielt ich ein Fax von der Redaktion, dass ich neue Maßstäbe gesetzt hätte.

Liebe ist stärker als der Tod

Ich habe bedingungslose Liebe durch Gott erfahren. Vor meiner Bekehrung hatte ich gedacht, man müsse Bedingungen erfüllen, um geliebt zu werden: Man muss Erfolge nachweisen, gute Noten schreiben, brav sein, und dann bekommt man Liebe und Anerkennung. Oder ich erlebe Menschen in der Kirche, die denken, wenn man in die Kirche geht, betet und beichtet, dann liebt sie Gott. Damals, als ich zum Glauben kam, erfuhr ich das Gegenteil. Gott liebte mich schon, bevor ich es wusste, ja, bevor ich war! Er hat mich zuerst geliebt. Das werde ich niemals mehr aufholen können. Auch wenn ich mich anstrenge, Gott wird mir immer zuvorkommen. Was können also Menschen mir antun? Gott kennt mich besser als ich mich selber. Im Psalm 112 in der Bibel steht, dass, wer auf Gott vertraut, sich nicht vor Verleumdung fürchten muss. Deshalb lasse ich mich auch nicht mehr knechten, denn Gott hat mich zur Freiheit befreit. Es geht um eine bedingungslose Freiheit, die Gott dem Menschen schenkt. Ich habe bei der Taufe gewusst, dass das Christsein keine einfache Sache ist und dass ich das Kreuz jeden Tag annehmen muss. Und ich habe gewusst, dass der, der das gesagt hat, es auch selbst bis zum Schluss vorgelebt hat. Aber Jesus hat auch gezeigt, dass die Liebe stärker ist als der Tod.

Im Leben gibt es schon so viele Todeszeichen. Jede Ablehnung ist so ein Todeszeichen, jede Traurigkeit, jede Verurteilung oder Ausgrenzung. Jesus hat nur Lebenszeichen gesetzt, um die Menschen zu befreien. Auch in mir hat er wieder Lebenszeichen gesetzt. Ich bin durch Rufmord und Verleumdung gegangen. Echte Freunde wurden in dieser Zeit offenbar. Freunde, die den Mut hatten, auch öffentlich zu uns zu stehen und für uns einzutreten. Wir verdanken ihnen sehr viel. Ich habe diese bitteren Stunden ertragen, weil ich eine Gemeinschaft habe, die mit mir diesen Weg gegangen ist. Gott fand mich für würdig zu leiden, und er war es, der mir beigestanden hatte. Und deshalb habe ich immer noch diese unauslöschliche Begeisterung für den Glauben an Gott.

VERRÜCKT NACH GOTT UND DER WELT

Wir brauchen mehr Ehrfurcht voreinander

Wenn mich Gott eines gelehrt hat in meinen Jahren als Christin, dann dies: Wir brauchen mehr Ehrfurcht voreinander! Dies wurde mir durch die Art und Weise der Auseinandersetzungen in Pegnitz neu bestätigt.
Jeder Mensch ist etwas Einmaliges, ein Wunder des Lebens, und verdient, dass man ihn mit Respekt behandelt, seine Würde nicht mit Füßen tritt, sondern ihm das Ansehen schenkt, das er zu seiner Entfaltung braucht. Wir leben schließlich alle gemeinsam auf diesem Planeten, atmen dieselbe Luft und haben alle das Recht auf ein menschenwürdiges Leben. Wir sind nicht ausschließlich zum Überleben geschaffen, sondern zum Leben. Ehrfurcht ist für mich hierfür ein Schlüsselwort geworden; denn ich spüre allerorts, selbst in der Kirche, wie sehr sie unserer Zeit abhanden gekommen ist.
Ich durfte in meinem Leben eine Frau kennen lernen, die diese Gabe der Ehrfurcht in unserer Kirche verströmt hat und mir damit eine wunderbare Erfahrung geschenkt hat. Die Begegnung mit dieser Frau hat mein ganzes Glaubensleben geprägt, und ich wünschte mir, ich könnte die Ehrfurcht so leben wie Schwester Immolata Wetter vom Institut der Englischen Fräulein. Sie war in Rom Generaloberin ihrer Gemeinschaft und arbeitete seitdem unermüdlich an der Seligsprechung der Gründerin ihrer Gemeinschaft, Mary Ward. Ich durfte Schwester Immolata unter ungewöhnlichen Umständen kurz vor meinem Klostereintritt kennen lernen, und

seitdem verband uns eine ungewöhnliche Freundschaft, auch wenn der Altersunterschied zwischen uns beiden sehr groß war: Schwester Immolata war fast 50 Jahre älter als ich. Damals begegnete ich dieser großen Frau unserer Kirche als Neugetaufte, also noch als Kind im Glauben. Drei Jahre später, am Ende meines Noviziates, feierte sie mit mir meine erste Profess. Sie überraschte mich mit einem Wunsch: „Schwester Teresa, dürfen wir uns duzen?“ Ich war sprachlos, vor allem, weil sie meiner Generaloberin sagte, dass sie gekommen war, um Zeugnis von mir zu geben.

Schwester Immolata hat mich gelehrt, was es bedeutete, Ehrfurcht vor jedem Menschen zu haben und diese ihm auch zu zeigen. Sie war eine kleine, unscheinbar wirkende Frau, und man ist doch gleich in ihren Bann gezogen. Kein Mensch begegnete ihr, dem sie nicht das Gefühl vermittelte, ein wunderbarer Mensch zu sein. Sie schenkte dem Menschen eine Ehrfurcht, die ganz aus ihrem Herzen kam. Bei meinem ersten Besuch in Rom ließ sie nicht zu, dass ich in der Straßenbahn stehe. Sie bot mir ihren Platz an, und kein Versuch glückte, sie vom Gegenteil zu überzeugen. Ihre Gegenwart erfüllt den Menschen selbst mit Ehrfurcht. Ihr tiefer Glaube, ihr sanfter Humor, der überraschte, und ihr Interesse für den anderen war erfrischend. Als ich sie wieder einmal besuchte und ihr verschiedene Ereignisse meines Lebens und manche Fernsehauftritte schilderte, staunte sie über die modernen Ansichten mancher jungen Menschen. Mit ihrem unvergleichlichen Lächeln sagte sie spontan, dass sie wohl auf einem anderen Stern lebte. Wie gesagt, sie staunte, aber sie urteilte nicht. Sie war offen für die Menschen, auch wenn sie deren Lebenseinstellung nicht teilen konnte. Genau das habe ich von Schwester Immolata gelernt, und das weiß ich auch von mir. Für mich verkörperte Schwester Immolata Kirche in ihrer aufrichtigsten Form. Sie lebte ganz aus der lebendigen Tradition der Kirche und zugleich aus einer herzlichen Offenheit zur Welt. Ich verdanke ihr tiefe Einsichten für mein Leben. Wenn sie mich durch ihr Ordenshaus in Rom führte, übersah sie niemanden, ehrte jeden mit einem liebenden Blick und gönnte ihm im Vorübergehen ein gutes Wort. Ich weiß, dass sie mir damals nur schweren Herzens ihre Zustimmung zu diesen Zeilen über sie gegeben hatte, und ihre damalige Generaloberin musste ein bisschen nachhelfen. Es würde auch gar nicht zu ihr passen, dass sie irgendwo erwähnt werden wollte. Und doch muss ich es schreiben, weil wir so wenig echte Persönlichkeiten und Vorbilder in unserer Zeit haben und weil uns auch in der Kirche soviel Ehrfurcht voreinander verloren gegangen ist. Es sind dieselben Menschen, die in die Kirche gehen und in der Gesellschaft leben. Vielleicht vergessen wir zu oft, dass jeder und jede ein wunderbares Geschöpf Gottes ist, auch wenn wir uns mit dem anderen nicht verstehen. Jedem gebührt Respekt und Ehrfurcht, und es ist eine Schande, dem anderen Ansehen und Würde zu nehmen. Sollten wir das tun, haben wir womöglich ein Problem damit, uns selbst anzunehmen. Wie viele Menschen würden aufblühen, wenn sie unsere Kirche als alternative Gesellschaft erleben könnten, in der jeder sich in seiner Einmaligkeit und Andersartigkeit bestätigt weiß.

Bei Schwester Immolata spürte ich die Tiefe eines gelungenen Lebens mit Gott. Ihre Demut war ein wunderbares Geschenk für die Kirche und damit auch für unsere Welt. Das wirklich Kostbare geschieht einfach und oft nur im Verborgenen. Wenn es aber ans Licht tritt, dann verströmt es eine liebende Wärme, die wir dringend in der Kirche und in der Welt brauchen. Es spricht von Größe einer Persönlichkeit, sich nicht über den anderen zu erheben, sondern sich ihm aus echtem Interesse zuzuwenden und in jedem Menschen

Gottes Ebenbild zu sehen. Schwester Immolata verstarb 2005. Aber ihre Liebenswürdigkeit wird mich mein ganzes Leben lang begleiten.

Versuchen wir doch einmal die Menschen, die uns heute begegnen, bewusster wahrzunehmen und keinen an uns vorbeigehen zu lassen, ohne ihm durch einen guten Blick, eine freundliche Geste oder durch ein Wort Ansehen zu schenken. Ich bin sicher, wir werden überrascht sein, wie gut wir uns fühlen werden.

Die Kraft des Wachsens

Wir hatten trotz der Probleme zu Anfang in unserem ersten Jahr in Pegnitz ein neues Festival angesetzt. Ich schrieb mein viertes Musical, und wieder haben Junge und Alte bei der Aufführung mitgemacht. Es wurde sogar in einem evangelischen Musikverlag von Siegfried Fietz als CD produziert. Siegfried Fietz ist auch ein Geschenk Gottes für mich geworden.

So vieles ist gewachsen, und ich spüre, wie vieles zu blühen beginnt. Menschen, die sich eher als „von der Kirche distanziert“ betrachten, fanden im Gemeindechor oder Frauenkreis, Krabbelgottesdienst oder in der Seelsorgsarbeit einen neuen Zugang zum Glauben. Ebenso Menschen, die gläubig waren und mit traditionellen Formen ihre Probleme hatten. Auch andere, die sich nach einer neuen Lebendigkeit in ihrem Leben sehnen. Die Sehnsucht haben sie immer noch und sind deshalb mit uns auf der Suche, wie Kirche lebendig erfahren werden kann. Ich will sicherlich nicht die Kirche

revolutionieren, auch wenn man mir das zu unterstellen versucht. Auch bei meinen zahlreichen Fernsehauftritten lasse ich mich nicht auf eine solche Schiene schieben. Ich suche aber einen Weg, das Kostbarste in der Kirche glaubwürdig den Menschen unserer Zeit nahezubringen. Ich bin ergriffen von Gott, damals und heute. Ich stehe ein für meine Kirche, auch wenn einige meiner Mitchristen nicht gut mit mir umgegangen sind. Auch ich habe Fehler gemacht als Christin und werde noch viele Fehler machen. Ich glaube, es ist ein Fehler, keine Fehler zu machen. Wer nichts tut, macht keine Fehler. Die Einzigen, die keine Fehler machen, liegen auf dem Friedhof. Leider hat die Kirche viele Zuschauer, die nur an ihr kritisieren, aber nichts dafür tun, eine neue Atmosphäre zu schaffen. Im Gegenteil: Wenn sich etwas zaghaft ändern möchte, versuchen diese Menschen, es mit allen Mitteln zu verhindern. Ich weiß nicht, warum Fehler innerhalb der Kirche für unentschuldbar gelten, wo wir doch alle Menschen sind. Sünden können dagegen viele entschuldigen.
Auch ich bin zu schwach, um das ganze Leid der Kirche zu tragen, der ansteckenden Resignation Herr zu werden, die Intoleranz zu beseitigen. Ich kann nur versuchen, jeden Tag ein wenig mehr zu lieben und für diese Kraft des Wachsens in der Liebe zu beten. Mein Glaube ist durch alle Krisen gewachsen, und ich stehe mit meinem Leben dafür ein, dass es sich trotzdem lohnt. Deshalb bekenne ich: Es lohnt sich, die andere Wange hinzuhalten!
Beim Katholikentag in Mainz 1998 durfte ich dies besonders hautnah erfahren. Unzählige Menschen haben mich angesprochen und mir Mut zugesprochen. Gott kann soviel im Leben eines Menschen verändern. Er ist in mein Leben gekommen, hat mich um 180 Grad gedreht und mir ein spannendes, aber kein bequemes Leben geschenkt. Ich durfte unendlich vielen Menschen begegnen, die mir eine Ahnung

von einer lebendigen Kirche geschenkt haben und mich auf meinem Weg begleiteten. Und ich durfte ungewöhnlichste Menschen kennen lernen, die mir eine Ahnung von Gottes Größe, Humor, Liebenswürdigkeit, Kreativität und Phantasie geschenkt haben. Nicht alle von ihnen arbeiten in der Kirche, aber sie verschönern die Welt durch ihr Dasein. Ich durfte als Schwester auch mit vielen „Stars" im Fernsehen zusammenkommen, und alle diese Begegnungen bleiben mir als kostbare Erinnerungen zurück. Ich saß zum Beispiel vor einer Fernsehsendung eine Stunde mit einem Transvestiten zusammen, eine Begegnung, die ich mir früher nicht vorstellen konnte. Ich habe mit Homosexuellen intensive Gespräche geführt und nach einer Fernsehaufzeichnung ganz unfreiwillig mit Beate Uhse gefrühstückt. Sie rief mich an ihren Tisch, weil der Frühstücksraum ganz leer war. Erst als wir uns gegenüber saßen, bemerkten wir die Ironie des Schicksals. Ich fand Freunde, die zu den kreativsten Köchen Deutschlands gehören, und lernte Manager von Weltunternehmen kennen. Gerne erinnere ich mich an einen Studenten, den mir der Direktor eines großen Unternehmens schickte, der meine Philosophie des leidenschaftlichen Lebens kennen lernen sollte. Zu den liebsten Begegnungen gehören die mit den Straßenkindern von Curitiba, Brasilien, die wir vor einigen Jahren besuchten und schätzen gelernt haben. Sie unterstützen zu können, bedeutete für uns ein Geschenk. Immer schon fühlte ich mich zu den Menschen hingezogen, unabhängig von ihrem Beruf oder Stand. Sie alle haben mein Leben bereichert, ob sie arm oder reich waren.

Eine solche Bereicherung ist für mich Siegfried Fietz, ein evangelischer Liedermacher, der mit seiner Frau Barbara den christlichen Musikverlag „Abakus" führt. Ich lernte ihn auf der Buchmesse in Frankfurt kennen. Er hat unglaublich viele ungewöhnliche Musikprojekte durchgeführt: Zum Beispiel schrieb er eine „Space Symphonie" für den Astronauten James B. Irwin und produzierte sie mit Royal Philharmonic Orchestra aus London. Anschließend ist er damit durch die USA getourt. Oder sein Musical über Martin Luther King, in dem Coretta King, die Witwe, mitgewirkt hat, nicht zu vergessen seine verschiedenen Musikprojekte „Wasser für die Welt" für World Vision, der großen Hilfsorganisation für Kinder, mit der er schon unzählig viel Gutes in Afrika tun konnte.
Das Gespräch war herzlich, und Siegfried bat mich, ihm doch die Noten meiner Musicals zu schicken. Ich versprach es ihm und dachte mir dabei weiter nichts. Seine strahlenden Augen jedoch verfolgten mich noch lange. Er musste aber dennoch einige Monate warten, bis ich seinen Wunsch erfüllte. Im Frühjahr besuchte ich die beiden in ihrem Verlag. Wir saßen im Tonstudio zusammen und lernten uns erst einmal richtig kennen. Jetzt ging mir auf, wo das Leuchten in seinen Augen herkam. Siegfried Fietz ist ein durch und durch gläubiger Mensch, und in jeder Ader fließt die Liebe zur Musik. Er ist direkt und gleichzeitig behutsam. Ich bin von diesem glaubwürdigen Christen begeistert. Seit Jahrzehnten prägt er die christliche Musikszene in Deutschland, und es ist für mich ein Wunder, wie er Woche für Woche, zusammen mit seinem liebenswürdigen Gitarristen Gerhard Barth von Konzert zu Konzert fährt, dazwischen unermüdlich komponiert und nach neuen Autoren und Textdichtern sucht. Auf seinen

Kinderkonzerten reißt er die Kinder mit, hüpft auf der Bühne mit Baseballmütze. Man staunt, woher er diese Energie seit Jahrzehnten nimmt. Wieder hatte Gott mich mit einem wunderbaren Menschen zusammengeführt.
Siegfried war von meinen Texten und der Musik begeistert und produzierte das Musical „Wir stehn auf Kirche" in seinem Tonstudio mit Profisängern. Beim Katholikentag in Mainz haben wir gemeinsam auf der Bühne unser Musical vorgestellt. Es war schon ein origineller Anblick: der evangelische Liedermacher und die katholische Schwester. Aber das Faszinierendste an ihm ist sein liebevoller Umgang mit der Sprache und der Zauber, den er in sie hineinlegt. Das wirkt sich auf den Umgang mit den Menschen aus. Wenn er über jemanden redet, dann klingt das immer positiv und wohlwollend und notfalls entschuldigend. Er übersieht keinen, auch nicht bei seinen Konzerten, und interessiert sich für jeden Menschen, der ihm begegnet.
Ich weiß nicht mehr, wie viele Leute er mir inzwischen vorgestellt hat, und von jedem wusste er etwas Wunderbares zu sagen. Gerade unsere Sprache sensibilisiert uns ja füreinander. Deshalb erschrecke ich um so mehr über den täglichen Umgangston. Viele Politiker sind da keine Ausnahme, und wir bekommen von gebildeten Menschen vorgelebt, wie man über andere herzieht. Genauso schlimm ist, was täglich an „Sprache" über das Fernsehen in die Wohnzimmer kommt. Selbst in der Kirche wird der Dialog immer aggressiver, und der gängige Ton scheint Kritik zu sein. Es verbreitet sich wie eine Seuche, ständig und über alles zu kritisieren. Eine Gemeinde in Chicago, die inzwischen fast 20 000 Gottesdienstbesucher hat und nur mit Kirchendistanzierten angefangen hat, gibt ein anderes Zeugnis vom Umgang miteinander: Bevor ich jemanden in der Gemeinde kritisiere, muss ich ihn erst neunmal gelobt haben. Sie gehen dort davon aus, dass

wir erst recht mit Menschen, die lediglich Fehler gemacht haben, behutsam umgehen müssen, wenn Jesus derart milde mit Sündern umgegangen ist, sogar mit Petrus, seinem ersten Stellvertreter, der ihn verleugnete. Man weiß nicht, welche Konsequenzen ein Pfarrgemeinderat wegen Petrus gezogen hätte. In der amerikanischen Gemeinde gehen alle davon aus, dass sie ohne Ausnahme Sünder und fehlbare Menschen sind. Pharisäer und Superchristen halten sich dort nicht lange. Sie sind alle Sünder, na und? Sie sind es ja schließlich nicht gerne. Aber wenn man jeden Sonntag miteinander spricht „Herr, erbarme dich unser“, dann sollte man sich danach nicht aufregen, dass man es in der Gemeinde mit lauter Sünder zu tun hat. Wenn jeder davon ausgeht, dann gewöhnen wir uns an, lieber über die guten Seiten des Menschen zu sprechen.
Unsere Sprache hat scheinbar den Reiz verloren, oder wir sind zu wenig erfinderisch, wenn es darum geht, jemandem etwas Gutes zu sagen. Durch Siegfried Fietz bin ich wieder hellhöriger geworden:

Unsere Sprache ist etwas Wunderbares und Kostbares. Wie viel Kraft und Liebe könnten wir in unsere Worte legen und mit überflüssigem Gerede sparsamer umgehen.

„Man nehme ...“

Man nehme einen guten deutschen Rettich für circa fünfundneunzig Cent (wenn man ihn nicht sogar im eigenen Garten hat), schneide ihn hauchdünn in Scheiben, mariniere ihn mit frischem Ingwer, Sesamöl, Zitronensaft und Sojasauce, und fertig ist eine wunderbare Gourmet-Vorspeise, die knapp einen Euro fünfzig kostet. Aus dem einfachen Rettich wird dann ein Carpaccio vom Rettich. Das klingt nicht nur vornehm, sondern schmeckt auch wirklich gut. Mit ein wenig Phantasie ist das möglich. Von wem ich zu einem solchen Gericht inspiriert wurde?

Von meinem Freund Heinz Winkler, einem der bekanntesten Köche Deutschlands, dessen Kochkunst schon mit Sternen ausgezeichnet wurde. Ich muss gestehen, dass ich nicht wusste, wer Heinz Winkler war, als ich zum ersten Mal in sein Restaurant „Residenz“ in Aschau eingeladen wurde. Das Menü war kein Essen, es war ein „Fest“. Hier wurde Essen zelebriert, und ich weiß nicht, was mich am meisten überwältigt hat. Frau Winkler bemühte sich um jeden Gast, und die Kellner bedienten mich mit herzlicher Zuwendung. Ich staunte und saugte alles in mich auf, was ich wahrnehmen konnte.

Nach dem Mahl luden uns die Winklers an die Bar ein, und das wurde der Beginn einer wunderbaren Freundschaft. In dieser Nacht erfuhr ich von der Philosophie dieses begnadeten Kochs, seinen Träumen, seinen Erfolgen und Enttäuschungen, und dem Kraftaufwand, den man leisten muss, einen Lebenstraum zu verwirklichen. Heinz Winkler ist ein gläubiger Mensch, und er setzt seine ganze Kreativität ein, die Gaben Gottes so zuzubereiten, damit Gott geehrt wird. Seine Gedanken fand ich wunderbar. Dabei hatte Heinz Winkler es nicht leicht in seinem Leben. Seine Kindheit in Tirol war geprägt von Entbehrungen und Verzicht. Mit drei Jahren verloren er und seine zehn Geschwister die Mutter durch einen Blitzschlag. Er weiß, was es heißt, klein anzufangen und sich im Leben hart hochzuarbeiten. Als er für sich erkannte, dass er Koch werden wollte, wollte er der beste werden. Er sah darin seine Lebensaufgabe und seine Berufung und war sich dabei bewusst, was er dabei Gott verdanke. So scheut er sich auch heute nicht, sich zu seinem Glauben zu bekennen. Unser Gespräch dauerte bis in die Morgenstunden, und ich hatte großen Respekt vor Elfi und Heinz Winkler. Ich bin tief berührt von der Intensität, der Hingabe und dem Miteinander, das die Winklers mit ihrem Personal für die Menschen einsetzen.

„Ob ihr esst oder trinkt oder etwas anderes tut: tut alles zu größeren Verherrlichung Gottes", heißt es bei Paulus in seinem Brief an die Korinther, und es ist wohl nicht zufällig, dass gerade Essen und Trinken als die alltägliche Gegebenheit unseres Lebens genannt werden, mit denen wir Gott auch ehren sollen. Offensichtlich kann man auch durch das Genießen mit allen Sinnen Gott Ehre antun – und ihm zugleich auf den Geschmack kommen, seiner Freude und Liebe an den köstlichen Dingen, die er geschaffen hat. Das hat weder mit Luxus noch mit großem Aufwand zu tun. Der Unterschied besteht darin, wie ich mit den Gaben der Schöpfung umgehe, ob ich ein Schnitzel in die Pfanne werfe oder ob ich es mit meiner Phantasie so zubereite und anrichte, dass alle Sinne davon angeregt werden. Es hat mit einer inneren Wahrnehmung zu tun und einer aufrichtigen Dankbarkeit für das Geschaffene. Es muss ja gar nichts Besonderes sein. Drei Dinge machen aus dem Essen eine Kunst: Phantasie in der Zubereitung, das Miteinander teilen und die Zeit, die wir uns dabei füreinander nehmen. Wer von Herzen dankbar für das ist, was Gott schenkt, wird eher bestrebt sein, mit denen zu teilen, die weniger haben, und er wird immer Gelegenheit dazu finden. Die Herzlichkeit, mit der gerade die einfachen und armen Leute alles anbieten, was sie haben, ist beneidenswert. Warum die Ärmsten diese Kunst so beherrschen? Weil sie einen Sinn für echte Gastfreundschaft haben. Wir haben das vor ein paar Jahren hautnah in Brasilien und auch sonst schon in anderen südlichen Ländern erlebt. Die Wertschätzung für die Geladenen, die bedingungslose Gastfreundschaft ohne Hintergedanken und die Bereitschaft, alles zu teilen, was sie selber zum Leben haben und brauchen, ist bewundernswert. Ich erinnere mich an eine vergleichbare Begebenheit während meiner Arbeit in Hanau. Ich war zu einer Familie zum Abendessen eingeladen, die in einem Wohnblock mit sechs Kindern auf kleinstem Raum lebte. Der Tisch war hübsch gerichtet, die Kinder hatten ein Willkommensschild gemalt, und die Mahlzeit bestand aus frisch aufgebrühtem Kaffee, Kakao und Plätzchen. Die Plätzchen hatten sie sich für diesen Anlass geleistet! Es war nicht nur eine Freude, das bunte Treiben der Familie zu beobachten, sondern wir haben mit selbstverständlicher Herzlichkeit „Mahl" gehalten. Ich glaube, ich habe noch nie so einen wunderbaren Kaffee getrunken und mit Genuss Plätzchen verdrückt, obgleich ich mir sonst nichts aus Süßem mache. Es war ein Fest.

Ich liebe es, für meine Gemeinschaft oder für Gäste zu kochen, und denke mir immer wieder neue Dinge aus, weil ich andere gerne verwöhne und selber genieße. Ich bin davon überzeugt, dass ungenießbar ist, wer nicht genießt. Ich habe oft Menschen erlebt, die sich selber nichts gönnen und auch anderen nichts gönnen können, sondern sie immerzu beneiden. Das Wichtigste bei der Gastfreundschaft ist jedoch nicht der Aufwand bei der Zubereitung der Speisen, sondern dass wir uns füreinander Zeit nehmen. Ich staune über das Judentum und den wöchentlichen Sabbat. Es ist die Zeit für Gott und die Familie, für das Feiern und Atemholen an einem Tag in der Woche. In unserer Kultur ist der Sontag dieser Tag, aber was ist aus dem Sonntag geworden? Seit wir in Israel waren, feiert unsere Gemeinschaft am Samstagabend einen christlichen Sabbat. An diesem Abend nehmen wir uns Zeit zum Essen, Reden, Singen und Beten, und wir haben dadurch sehr viel gewonnen. Es muss nichts Besonderes geben, aber wir nehmen uns Zeit für Gott und füreinander. Die Vorfreude auf diesen Abend lässt uns einen wirklichen Abschluss der Woche machen, und wir tanken Kraft für die neue Woche.

Ich bin sehr glücklich über die Begegnung und die daraus erwachsene Freundschaft mit Heinz Winkler, weil ich auch weiß, wie großzügig er sich zu denen zeigt, die weniger haben. Er ist für mich ein Künstler. Von einem erlebnisreichen Abend mit Heinz Winkler konnte ich – unabhängig davon, ob ich mir ein so außergewöhnliches erlesenes Mahl öfter leisten kann oder nicht – etwas mitnehmen für meinen Alltag. Esskultur kann man lernen. Es braucht nur ein wenig Phantasie, um etwas Wunderbares zu zaubern.

Aber auch ohne „Sterne" gibt es wunderbare Meister ihres Faches, die mit ihrem ganzen Engagement unser Leben verschönern wollen.

Ich bin allen dankbar, die in der Gastronomie arbeiten. Von meiner Kindheit an musste ich oft in den Gasthäusern und Restaurants, die mein Vater bewirtschaftete, mithelfen. Ich weiß aus eigener Erfahrung, was es heißt, Tag und Nacht für andere da zu sein und für das Wohl der Gäste zu sorgen. Dazu gehört unendlich viel Ausdauer und eine Berufung zum Dienen.

Die christliche Botschaft besagt, dass wir unsere Nächsten lieben sollen wie uns selbst. Gibt es ein Rezept für ein gelingendes Leben zwischen Egoismus, Geiz und verschwenderischer Großzügigkeit? Zwischen Helfersyndrom und Habgier? Mein Geheimtipp: Sich jeden Tag selber etwas gönnen, um auch dem anderen gönnen zu kön-

nen, was ihm gut tut. Entscheidend ist, ob wir in dem, was uns gegeben ist, Grund zu Dank und Freude finden, weil wir uns damit zufrieden geben können. Die große Teresa von Ávila, meine Namenspatronin, brachte dies auf den einfachen Nenner: „Wenn Rebhuhn, dann Rebhuhn, wenn Suppe, dann Suppe.“

Die Kleine Kommunität der Geschwister Jesu

Am Pfingstfest 1994 ist die Kleine Kommunität der Geschwister Jesu gegründet worden, und nun sind schon dreizehn Jahre verstrichen. Ich kann es eigentlich noch gar nicht glauben, dass wir „aus dem Gröbsten“ sind. Die Zeit der Prüfung hatte uns lange gelähmt und ein schnelles Fortschreiten unmöglich gemacht. Aber wir glaubten und hielten an diesem lebendigen und verrückten Gott fest. Wir standen zusammen und hatten in der schweren Zeit mutmachende Freunde. Und wir bekamen von vielen Seiten Vertrauen geschenkt; so konnten wir uns aus der Lähmung befreien. Unsere Erfahrungen mit der „Kirche an der Basis“ zeigten uns, wie wichtig unser Weg ist. Unsere Kirche braucht neue Formen von Gemeinschaften, und es ist schön, allerorts von neuen Aufbrüchen zu erfahren. Wir alle brauchen die Erfrischung des Heiligen Geistes. Es braucht begeisterte und lebendige Menschen, die nicht aufhören, mit diesem unsagbar reichen Glauben zu bezaubern. Wir sind nur ein neues und kleines Mosaik in der großen Weltkirche, aber wir versammeln uns gemeinsam als Geschwister um unseren Herrn und Bruder Jesus. Wir fühlen uns gedrängt, für Menschen da zu sein und Gemeinde aufzubauen. Wir wollen Jesus ehren, durch unser Gebet, unser Arbeiten, Leben und Feiern. Was Menschen von heute dringend brauchen, ist ein freier und ungezwungener Zugang zum Glauben. Auch deshalb haben wir uns zusammengeschlossen. Hier leben Jüngere und Ältere, Männer und Frauen, die alles in eine Waagschale geworfen haben, um dem Leben zu dienen, dem Leben in der Kirche und der Welt. Der Traum einer bunten Kirche ist fest in unser Herz und in unseren Gedanken eingeschlossen. Ich gebe diesen Traum niemals auf, dass wir eines Tages eine große „LOVE PARADE" des Glaubens in der Kirche feiern werden. Wir sind noch klein, aber in Bewegung. Wir sind nicht reich, aber glücklich. Wir sind nicht besser als andere, aber anders. Wir sind gepackt von diesem Gott, und wir lieben unsere Kirche und wir glauben an einen neuen Frühling des Glaubens.

Die Gnade der Freude

Gott hat uns die Gnade der Freude geschenkt. Sie kommt aus dem Innersten und wird frei im Gebet, im Miteinander und im Annehmen dessen, was sich ereignet hat. Als ich annehmen konnte, dass ich abgelehnt wurde, vor allem von denen, die mich nicht einmal wirklich kannten, konnte ich weiter leben. Auch hier nehme ich mein „Ja" zu diesem Weg, den Gott mich führt, nicht zurück. Meine Gemeinschaft ist geläutert worden, und wir sind auf dem Weg, Geschwister Jesu zu werden. Wir halten fest an dem Traum einer bunten, menschenfreundlichen Kirche, in der alle ihren Platz haben. Jede neue Gründung in unserer Kirche wurde zunächst mit Abwehr und Verfolgung belohnt. Es ist einfach, das in der

Kirchengeschichte nachzulesen, es ist schwieriger, es selbst zu durchleben. Aber es war auch schon immer ein Zeugnis für Echtheit. Es wird sicher der Tag kommen, an dem ich denken darf, dass alle, die gegen mich vorgegangen sind, Werkzeuge waren auf dem Weg zu Gott. Einige wurden schon zu echten Freunden und sehen in den geschilderten Schwierigkeiten nicht mehr Probleme, sondern Aufgaben, die zu bewältigen sind. Wir wissen nun umso deutlicher, dass Gott uns führt und nicht im Stich lässt. Menschen haben sich zu uns bekannt und das Zeugnis für das Gute gegeben, das sie für ihr Leben durch unsere Freundschaft erfahren haben. Umgekehrt sind wir ihnen sehr dankbar, dass sie uns ermutigt haben, den Weg der Freundschaft uneingeschränkt durchzuhalten.

Freundschaft ist ein Weg zu Gott

Für mich ist Freundschaft ein Weg zu Gott. Durch meine Freundschaften wurde ich, was ich heute bin. Ich wurde durch sie immer mehr zum Glauben an Gott geführt. Freundschaft zu leben, ist der Weg unserer Gemeinschaft. Sie gibt unserem Zusammenleben eine andere Qualität. Ich muss mich viel intensiver mit meinen Schwestern und Brüdern auseinandersetzen, mich für sie interessieren, ihnen einen Lebensraum schaffen, in dem sie sich entfalten können, weil sie mehr Verantwortung übernehmen dürfen. Freundschaft heißt, bedingungslos lieben und sich dem anderen mit allen seinen Schwächen und Fehlern zu öffnen, und ihn eben so anzunehmen, wie er ist. Natürlich nehme ich damit in Kauf, dass man mich auch verletzen kann. Das Risiko einer Freundschaft wächst in dem Maß, wie ich bereit bin, mich dem anderen auszuliefern. Unser menschliches Leben selbst ist ein Risiko, es kann gelingen oder scheitern, aber mit einem echten Freund an der Seite kann man alles wagen. Selbstverständlich meine ich mit Freundschaft nicht die exklusive Beziehung, in der man sich selbst genügt und nicht offen ist für andere.

Gott hat mir in der Freundschaft, vor allem mit Franz, meinem geistlichen Begleiter, eine Dynamik geschenkt, die mein Leben zur Entfaltung gebracht hat. Ich habe tiefes Vertrauen zu ihm gefunden. Er hat meine „kleine Pflanze" Glauben wachsen lassen; er hat mich befähigt, mich ganz für diese Welt und Gott zu öffnen. Er kennt meine Stärken und meine Fehler, er weiß zu trösten und zu fördern, mich zurückzuhalten und voranzubringen. Unsere geistliche Freundschaft ist ein Geschenk von Gott. Wir verdanken einander so viel und sind gemeinsam auf dem Weg, Gott zu suchen und viele Menschen daran teilhaben zu lassen. Freundschaft ist für mich die vollkommenste Art der Liebe. Wenn ich jemanden liebe, dann habe ich Angst, dass ihn ein Regentropfen erschlagen könnte. Ich werde gleich unruhig, wenn er sich nicht meldet, zu spät kommt, nicht schreibt. Wenn ich liebe, dann ist jedes falsche Wort, jede lieblose Tat, jeder ungeduldige Gedanke belastend und drängt nach Versöhnung. Dann weiß ich von neuem, dass ich unverdient die Liebe des anderen geschenkt bekomme und mich ihm verdanke. Wenn ich liebe, dann bin ich kreativ, dann komme ich auf die verrücktesten Dinge, um den anderen eine Freude zu machen. Dann gewinne ich, wenn ich teile, weil ich beschenkt bin mit der Freude, die ich dem anderen mache, und verliere dies eben, wenn ich etwas für mich zurückhalten will.

Ich bin Gott für so vieles in meinem Leben dankbar. Für die Freundschaft mit Franz werde ich ihm wohl nie genügend danken können. Die Erfahrung dieser Freundschaft war weg-

weisend für die Gründung unserer Kleinen Kommunität der Geschwister Jesu.
Quelle und Ziel unserer Freundschaft ist Jesus. Das ist die eigentliche Freundschaft, für die es sich zu leben, zu lieben, zu verzeihen, zu leiden und zu kämpfen lohnt. Jeden Tag ihm näher zu kommen und ihm ähnlicher zu werden, ist unser Ziel und unsere Aufgabe.

Unbändiges Gottvertrauen

Lange habe ich überlegt, wie ich das schreiben soll, was mich in all diesen Jahren und allen Orten, wo ich lebte und arbeitete, bewegt und getragen hat. Ich weiß, wie schwer es für viele Menschen ist, an Gott zu glauben. Selbst bei vielen Christen kommt es mir so vor, als glaubten die meisten schon an Gott, aber dass er ganz persönlich in ihr Leben eingreift, ist ihnen nicht ganz geheuer. Am Anfang dachte ich, er müsse mir so über dem Bett erscheinen, wie es in den Filmen dargestellt wird, aber das wäre eben „Hollywood" und nicht Gott. Gottes Reichtum und Phantasie an Möglichkeiten ist unerschöpflich! 19 Jahre habe ich ja überhaupt nicht an ihn geglaubt. Hätte ich Gott nicht erfahren, würde ich jetzt nicht diese Zeilen schreiben, sondern in irgendwelchen Stadien meine Runden drehen und an eine große Karriere im Sport denken. Meine Erlebnisse mit Gott sind unbeschreiblich, und ich kann nur einige kurz andeuten.
Eines Tages, nachdem ich noch nicht lange Christin war, wollte ich während meines Sozialen Jahres in die nächste Stadt trampen, um einen Anschlusszug zu erreichen. Ich bat Gott, mir einen netten Fahrer vorbeizuschicken. Ich hatte

nur eine halbe Stunde. Doch alle Autos fuhren vorbei. Eine Viertelstunde verging. Ich sagte Gott, dass er sich bitte beeilen möge, aber es kam kein Auto mehr vorbei. Nun drohte ich, ihm nichts Liebes mehr zu sagen, wenn er nicht voran machen würde. Das nächste Auto kam, aber es fuhr vorbei! Ich schaute verärgert zum Himmel hinauf und stemmte meine Arme in die Hüfte. Ich glaube, Gott verstand recht gut, was ich ihm damit andeutete. Das Auto war hinter der nächsten Kurve verschwunden. Plötzlich kam es zurück. Als ich den Fahrer fragte, warum er zurückgefahren sei, meinte dieser, dass ihm der Gedanke gekommen sei, er hätte mich doch mitnehmen können. Nun, für andere ist das nichts als ein Zufall, für mich bestimmt nicht.
Ein anderes Mal, während meiner Klosterjahre, musste ich eines Tages eine wichtige Entscheidung fällen. Ich ging unschlüssig in die Kapelle zum abendlichen Gebet. Als wir den Lobpreis anstimmten, entdeckte ich einen Schmetterling. Ich bat Gott, er möge ihn zu mir fliegen lassen, wenn ich richtig entschieden hätte. Ich meinte, dieses kleine Zeichen könnte er mir schon geben. Während meines Gebetes vergaß ich meine Bitte wieder, aber während des Magnificats – das ist ein Gebet zu Ehren von Maria – der Mutter Jesu, flog der Schmetterling frontal auf mich zu. Natürlich war auch das nur ein Zufall! Vor Schreck setzte ich mich hin, obgleich im Stehen gesungen wurde. Hinterher fragten mich einige Mitschwestern, ob mir schlecht geworden sei. In gewisser Weise schon!
Als wir ziemlich neu in Pegnitz waren, wollte ein Reporter der Lokalpresse ein Interview mit uns über unsere neue Gemeinschaft machen. Wir willigten gerne ein und hatten ein ziemlich langes Gespräch. Wir baten den Reporter, uns den Bericht vor dem Druck lesen zu lassen. Als wir an diesem Tag heimkamen, war es schon 21 Uhr, und als wir das Fax in den Händen hielten, dachten wir, uns trifft der Schlag!

Ich habe selten so sinnentstellende Aussagen gelesen, wie sie mir hier in den Mund gelegt wurden. Wir riefen sofort an und wollten das Schlimmste verhindern. Der Redakteur wollte sich zwar um eine Korrektur bemühen, aber der Bericht sei schon zum Druck in der Hauptredaktion in Nürnberg. Wir waren wirklich fassungslos. Jetzt half nur noch beten. Nachts gingen wir in die Kirche und flehten Gott an, dass er das Schlimmste doch noch verhindern möge. Stunden vergingen, bis ich anfing, Gott zu preisen, statt ihn nur zu bitten. Für ihn wäre doch auch diese Sache nur ein Klacks. Ich ging schlafen. Am Morgen wurde ich aufgeregt geweckt, weil in dieser Nacht die Drucker in Nürnberg streikten und die Zeitung nur in wenigen Exemplaren gedruckt und deshalb nicht in Pegnitz ausgetragen wurde.
Natürlich können Menschen mir wieder sagen, dass das alles nur Zufall war. Aber das genügt mir nicht. Gott schenkt selten große Wunder. Aber kleine Aufmerksamkeiten als Zärtlichkeit und Zeichen seiner Existenz wird er nicht müde zu schenken. Im Grunde ist er ein Bettler, der jeden Tag um Herzen bettelt, die an ihn glauben. Er kommt nicht als „Star" daher, nicht als drohender und mächtiger Alleskönner, sondern klein und unauffällig wie damals als Kind in einer armseligen Krippe. Es wäre für Gott ein Einfaches, am Himmel für Menschen zu erscheinen, aber ich glaube, die Menschen hätten dann mehr Angst vor ihm als Liebe. Er will keinen zum Glauben zwingen, sondern er will, dass sich der Mensch frei entscheiden soll. Er kommt leise und lässt sich suchen, aber er lässt sich finden. Man muss bloß anfangen, mit ihm in Beziehung zu treten und ihn anzusprechen.

Versuchen Sie es einfach! Sie haben nichts zu verlieren, die 30 Sekunden, die ein Gebet dauert, kostet Sie nichts, aber es könnte Ihr Leben verändern.

Gott finden in allen Dingen

Durch mein ganzes Glaubensleben zieht sich dieser Gedanke von Ignatius von Loyola, dem Gründer des Jesuitenordens: „Gott suchen und finden in allen Dingen." Das heißt eben für mich nicht, dass Gott nur in der Kirche zu finden ist, sondern immer und überall, einfach in allen Dingen und Ereignissen eines Tages oder unseres Lebens. Damit stelle ich in keiner Weise in Frage, dass er im Gottesdienst auf besonders intensive Weise erfahrbar ist. Für mich ist dies kein Widerspruch. In allem, was er erschaffen hat, ist er für mich da und kann sich mir auf vielerlei Weise zu erkennen geben. Gott lässt sich nicht auf unsere Einseitigkeiten einengen und auf unsere Vorstellungen festlegen. Dies schon wäre genug Grund, diese abenteuerliche Erfahrung Gottes im Alltag zu betonen.

Als ich meine ersten Schritte im Glauben machte, war es für mich jeden Morgen faszinierend aufzuwachen. Womit würde Gott mich heute wieder überraschen? Ich hielt die Augen und Ohren offen und war ganz sicher, dass dieser Tag der spannendste in meinem Leben würde. Und es war auch so. Kein Anruf, keine Begegnung und kein Ereignis waren belanglos oder zufällig, nein, alles war gefügt und verriet mir, dass nur Gott seine Finger im Spiel haben konnte. Diese Einstellung und Gewissheit, die mir im Glauben geschenkt wurde, war herrlich und machte meinen Alltag mit einem Schlag lebendiger und aufregender. Vielleicht war es deshalb für mich selbstverständlich, dass ich ins Kloster gegangen bin, weil mich dieser Gott so begeistert hatte. Meine Seele war erfüllt, und ich suchte diese lebendige Begegnung mit Gott zuerst im Klosterleben mit dem wiederkehrenden Rhythmus von Arbeit und Gebet. Aber erst im intensiven Umgang mit den Menschen auf der Straße erlebte ich eine Verbindung dessen, was ich wirklich suchte: ein spirituelles und erfülltes Leben mit Gott, in dem es keine Trennung von Gebet und Arbeit, von Kloster und Welt gibt. In Gottes Gegenwart zu leben, ist für mich ein natürlicher Zustand. Gott ist so selbstverständlich da wie die Sonne, unter der ich lebe. Ob ich für Gott da bin, hängt davon ab, ob ich ganz bei der Sache bin. Ich kann stundenlang in der Kirche sitzen, aber in Gedanken ständig woanders sein. Gottes Intensität lässt nicht nach, wenn wir die Kirche verlassen, beim Duschen sind oder wenn wir vor dem Computer sitzen. Er ist immer live dabei. Die Frage ist nur, ob wir uns dessen bewusst sind und es innerlich wahrnehmen. Alles kann zu einer Gottesbegegnung werden, jedes Fußballspiel, jeder Sonnenuntergang und jeder Biss in einen Pfirsich. Es ist überhaupt nicht wichtig, was wir gerade tun, sondern *wie* wir es tun und *wie* wir dabei sind. Ich kann in eine Bockwurst beißen und Gott dabei erfahren, weil ich mich freue, dass es mir schmeckt. Ich kann mich aber auch beim Reinbeißen ärgern, dass nicht genug Senf auf der Bockwurst ist. Ich kann das Problem, das ich heute lösen soll, als Missgriff des Schicksals deuten oder als Herausforderung annehmen, dass Gott mir etwas zutraut und mehr mit mir vorhat. Ich kann mich ärgern, wenn man mir vor der Nase den letzten Parkplatz wegschnappt, ich kann es aber auch so verstehen, dass Gott mich abstoppt, um mich für ein paar Minuten zur Ruhe zu bringen. In dieser ungewollten Wartezeit bringt er mich vielleicht wieder dazu, intakt zu werden, abzuschalten, auf neue Gedanken zu kommen.

Diese Erfahrungen haben mich meine wahre Berufung finden lassen: als Schwester in der Welt und unserer Gesellschaft zu leben wie jeder andere auch und damit Zeugnis zu geben von Gottes erbarmender Liebe. Deshalb gründeten wir diese neue

Gemeinschaft, um vor allem Distanzierten, die mit Glaube und Kirche „nichts am Hut haben", Glauben näher zu bringen. Die Menschen verstehen, heißt eben in ihre Welt einzutauchen und zu erfahren, was ihr Leben ausmacht, auch wenn es mir noch so verrückt erscheint. Gott lässt sich in jedem Menschenherz finden, und sein Antlitz blitzt in jedem Gesicht auf. Er hat seine Handschrift in jedem Meer, jeder Baumkrone und in jedem Kartoffelacker hinterlassen. Er ist in jeder Ameise, jedem Krokodil und jedem Delphin zu entdecken. Er hat uns eine Schöpfung geschenkt, die uns ihm auf die Spur bringt. Jeder kann auf seine Weise entdecken, wie Gott ihn am meisten anspricht. Und wo kann ich Gott noch finden? Ich zum Beispiel finde ihn regelmäßig im Kino, denn ich liebe Filme, in denen es um die Zukunft geht, denn ich rette so gerne die Welt! Ich gebe zu, dass ich furchtbar sentimental bin und immer froh bin, wenn das Licht im Kino angeht und andere auch zum Taschentuch greifen müssen. Gott ist wahnsinnig erfinderisch, und es fällt ihm nicht schwer, sich in die Botschaft vieler Kinofilme einzuschleichen. Ich staune über die vielen Produktionen vor der Jahrtausendwende: Nicht nur auf der Suche nach Außerirdischen, sondern wenn es um die Bedrohung unseres Planeten geht, sitzen wir alle im gleichen Boot. Dann versammeln sich auf allen Kontinenten Menschen zum Gebet, dann arbeitet das ganze Militär der Völker zusammen, und dann gibt es etwas, wofür es sich lohnt, miteinander zu überleben, weil alle sich auf das Wunderbarste besinnen, was wir haben: die Liebe. Das Leben ist nur lebenswert, wenn wir lieben.

Viele kleine und unscheinbare Dinge verschönern und bereichern unser tägliches Leben. Wenn wir uns innerlich davon ansprechen lassen, können wir entdecken, dass wir reich beschenkt sind und dass unser Leben einen tiefen Sinn hat, weil auch belanglose Ereignisse an Bedeutung gewinnen, wenn wir sie in einem größeren Zusammenhang sehen. Gott bemüht sich um uns in jedem Augenblick. Er schenkt sich uns in allen Dingen, damit wir ihm auf die Spur kommen können. Dies kann uns aufgehen bei einer Tasse Kaffee, bei der Betrachtung einer Blume, bei einem unerwarteten Telefonanruf. Wir können ihn nicht nur im Außergewöhnlichen finden. Er ist so groß, weil er sich klein machen kann. Viel Vergnügen beim Entdecken!

Gott braucht Dich und mich

Mit diesen Zeilen wollte ich aufzeigen, wie reich und wunderbar unser Leben und unsere Welt ist, und ich wollte Zeugnis von meiner Glaubenserfahrung geben. Ein unbeschreiblicher Gott hat mich erkennen lassen, dass ich nicht sinnlos erschaffen worden bin. Ich habe ein Recht auf Leben und ich habe das Recht, ich selbst zu sein. Meine Lebendigkeit und Kreativität ist eine der vielen Gaben, die er mir geschenkt hat, und dafür bin ich ihm auch unendlich dankbar. Im Grund bin ich total verliebt in diesen Gott und in die Menschen und weiß häufig nicht, wie ich die daraus entspringende Dynamik einsetzen kann. Christus hat mich zur Freiheit befreit und nicht zu einem Leben, in dem ich mich ständig rechtfertigen muss. Ich weiß, dass sich manche Geister an mir scheiden. So wie ich bin, darf ich sein. Ich zeige offen meine Gefühle, schäme mich auch in der Öffentlichkeit meiner Tränen nicht. Denn ich bin ein Mensch mit dem Recht, traurig, bedrückt, enttäuscht, wütend, resigniert oder auch begeistert zu sein und schuldig zu werden. Ich darf Zweifel haben und ergriffen sein von meinem Glauben. Ich weiß, dass ich ein wunderbarer Mensch bin und zugleich, dass ich die Gnade Gottes brauche und auch auf Menschen angewiesen bin; ich bin eben nicht perfekt, sondern ein sündiger Mensch, weit davon entfernt, eine „Heilige" zu sein. Ich gebe zu: Ich bin etwas Außergewöhnliches, aber das ist vor Gott jeder! Wie gerne würde ich das Tausenden Menschen zusprechen, dass jede und jeder so etwas Außergewöhnliches und Einmaliges ist. Allen, die diese Zeilen lesen und nicht die Nase darüber rümpfen, dass ich so deutlich über mich schreibe, sondern vielleicht zu denen gehöre, die selten oder gar nicht diese Anerkennung zugesprochen bekommen haben, rufe ich zu: „Es ist schön, dass es Dich gibt. Du bist so gewollt, wie Du bist. Du verschönerst diese Welt, denn die Welt wäre ärmer, wenn es Dich nicht gäbe. Du hast ein Recht auf Dein Leben, auf Deine Gefühle, Deine Freuden, Deine Erfolge und Niederlagen. Du bist nicht weniger wert, wenn Du nicht alles erreichst, was andere von Dir erwarten, oder weil Dein Weg für andere unverständlich bleibt. Wichtig ist, dass Du auf Dein Gewissen hörst, es wach hältst und so lebst, dass Du am Ende sagen kannst: ‚Ich habe gelebt und damit auch anderen ermöglicht zu leben.' Auch wenn Dein Leben vielleicht kürzer ist als das der anderen, kannst Du zufriedener und glücklicher gelebt haben. Ich würde Dir gerne Mut zusprechen, diesen Gott zu suchen, gerade dann, wenn Du ihn vielleicht noch nie gesucht hast oder schon lange nichts mehr von ihm wissen willst, weil Du mit seinem Bodenpersonal schlechte Erfahrungen gemacht hast. Gib Dir und Gott noch einmal eine Chance! Vielleicht entdeckst Du in deiner Kirche einen Ort, an dem Du bleiben kannst oder wo Du gebraucht wirst, damit sie immer lebendiger und glaubwürdiger wird. Mit einem Satz: Gott braucht Dich und mich!"

Verrückt nach Gott und der Welt

Früher sagte ich oft, dass mein Leben mein Hobby sei. Bis zum meinem 19. Lebensjahr lebte ich glücklich, und mein Leben war damals wie ein lebenslustiges Lied. Seit ich Christin bin, ist mein Leben eine Symphonie. Und das Beste daran ist, dass ich einen wunderbaren Dirigenten in Jesus Christus gefunden habe. Früher habe ich Musik aus dem Radio gehört, aber mir nie Gedanken darüber gemacht, dass es zum Empfang einen Sender braucht. Heute ist das Leben mein Radio, und ich weiß, dass es für mich nur einen Sender gibt. Dieser Sender ist Gott und der ist immer auf Sendung! Wenn ich meine Antenne nach ihm ausstrecke, dann empfange ich auch eine Nachricht von ihm. Manchmal passt mir diese Nachricht überhaupt nicht, weil sie anstrengend, unangenehm oder sinnlos erscheint. Dann würde ich gerne auch mal abschalten. Im Nachhinein erfahre ich aber, dass es gut war. Ich bin verrückt nach diesem Gott, seit ich ihn erfahren habe. Ich möchte ihn immer mehr kennen lernen. Ich möchte Jesus ehren, so wie er es mir zu erkennen gibt. Wir haben eben nur dieses eine Leben, und wie schell kann es vorbei sein? Ich habe mich entschieden, als Christin zu leben und Jesus nachzufolgen und in meiner Kirche mehr zu tun als nur zu arbeiten. Ich lebe gerne in meiner Kirche, mit all ihren Schattenseiten.

Ich bin verrückt nach der wunderbaren Welt, in der wir leben, und ich lasse mich von einem Regenbogen ebenso bezaubern wie vom „Gameboy"-Spielen.

Einmal sagte mir ein Jugendlicher, dass er ohnmächtig und wütend sei wegen all des Wahnsinns in der Welt und weil er allein doch nichts ändern könne. „Oh doch!" sagte ich ihm. „Wenn in diesem Moment ein Vater in New York seinen

Sohn liebkost, ist die ganze Welt besser, auch wenn wir das nicht sehen. Und wenn gerade bei den Eskimos zwei einen Fisch teilen, dann hat sich unsere Welt geändert. Auch wenn das von keiner Fernsehanstalt gemeldet wird. Natürlich auch umgekehrt. Wenn einer im Büro einen schlechten Gedanken über seinen Kollegen denkt, dann ist mit diesem Gedanken die ganze Welt schlechter geworden. Wir könnten also jeden Tag vierundzwanzig Stunden mit jedem Gedanken, jedem Wort und jedem guten Werk unsere Welt verbessern."

Als mich ein Journalist fragte, was ich als Ziel in meinem Leben habe, musste ich nicht lange überlegen. Wenn ein Mensch, der mir begegnet, wieder mehr Mut zum Leben hat, hat sich mein ganzes Leben gelohnt!

Natürlich möchte ich auch, dass meine neue Gemeinschaft wächst. Dabei geht es mir vor allem um das innere Wachstum. Sie soll ihren Platz in der Kirche finden und viele anstecken mit unserer Begeisterung und Freude. Dafür lebe ich, dafür leide ich und dafür riskiere ich mein Leben. Ich möchte als Mensch wachsen und reifen. Ich will dazu beitragen, dass unsere Kirche lebendiger wird und sich den Zeichen der Zeit stellt. Sie soll viel mehr in den Dialog mit den Menschen treten.

Und jetzt ende ich mit diesen Zeilen und gehe erst mal beten, damit Gott mir sagt, was er von mir möchte!

EIN LEBEN WIE EIN ABENTEUER

Für die predigen, die noch nicht da sind

Gottes Antwort auf mein Gebet ließ nicht lange auf sich warten. Er fütterte uns mit Visionen, stieß uns an neue Ufer von Seelsorge, ließ uns mit unglaublichen Menschen zusammenkommen. Er überschüttete unsere Gemeinde mit Segen, Mitarbeitern und Abenteuern. Dabei blieb er immer der Überraschende. Wie Er die Fäden spannte, bleibt sein Geheimnis, aber Er fand Wege und Mittel, dass wir es begriffen: Eine neue Zeit war angebrochen. Seine Zeit! Das Telefon klingelte und ein guter Freund war dran: Pastor Fabian Vogt, einer der beiden Kabarettisten und Sänger von „Duo Camillo" und Multitalent im Kreieren von neuen Gottesdienstformen in der evangelischen Kirche. Ein paar Wochen später, als wir ein tolles Konzert von Duo Camillo bei uns erleben durften, saß er in unserem Esszimmer und fing an zu erzählen, dass sein Hauptpastor in einer ganz kleinen, normalen evangelischen Gemeinde in Niederhöchstadt (bei Frankfurt) von jetzt an für „die predigen wollte, die noch nicht da sind". Wir lachten damals und waren mehr als nur skeptisch, als er von neuen Formen berichtete, mit denen er kirchendistanzierte Menschen erreichen wollte. Im Moment wären ca. 20-30 Gottesdienstbesucher da. Ein Jahr später waren wir wieder wie durch Zufall zusammengekommen. Natürlich brannte in uns die Frage, was denn ihr „Projekt" mache und wie viele Besucher sie denn inzwischen hätten. Er sagte: „Dreihundert". Unfassbar! Sie hatten begonnen, Gottesdienste für Kirchendistanzierte zu feiern, und die Gemeinde fing auf unglaubliche Art an zu wachsen. Natürlich ließen wir nicht locker, bis wir alle Fragen, die in uns losbrachen, beantwortet bekamen. Er erzählte, dass sie inspiriert wurden durch eine Gemeinde in den USA, die seit über zwanzig Jahren diese neue Form praktizierten. Wir mussten alles erfahren. Eines war mir sofort klar: Das wird mich nie mehr loslassen. Nachdem wir mehrere Tage wie verstört diskutierten und beteten, musste ich Kontakt zu dieser Gemeinde aufnehmen. Es war die Willow Creek Church in South Barrington in Wisconsin, unmittelbar bei Chicago. Ich rief an, als ich endlich die Telefonnummer herausgefunden hatte, vergaß allerdings, dass die Menschen in den Vereinigten Staaten um diese Zeit noch schliefen. Eine freundliche deutschsprechende Stimme gab mir alle Auskünfte, die ich brauchte, und lud mich ein, die „Willow Community Church" kennen zu lernen. Wir bräuchten uns keine Sorgen wegen der Unterkunft zu machen, wir wären dort Gäste. Der Mann am anderen Ende der Welt bat mich nur, das nächste Mal nicht um 4 Uhr morgens anzurufen. Ich lief rot an und entschuldigte mich. Peinlich! „Aber wir werden kommen, ganz sicher", sagte ich.

15 000 Kirchendistanzierte

Wir haben unseren geplanten Urlaub im August umgeschmissen, alles Geld zusammengekratzt, was wir besaßen, und ich bin mit Pfarrer Franz und Schwester Claudia wie die „drei Musketiere" nach Chicago geflogen. Lieber Gott, was hast Du Dir nur einfallen lassen! Allein der Parkplatz der Gemeinde für 20 000 Besucher machte uns sprachlos. Fasziniert waren wir von den „Einweisern", die uns freundlich zu einem freien Parkplatz dirigierten. Später erfuhren wir, dass diese Gemeindemitglieder die Gabe der Gastfreundschaft haben. Das hatten wir gemerkt. Sie strahlten uns an und gingen ganz in ihrem Dienst auf, genauso wie die Türsteher, Pastoren, Mitarbeiter, Sänger, Schauspieler, Gruppenleiter, Techniker, selbst die Putzfrauen und Putzmänner.

Wir waren überwältigt von dieser Gemeinde, die etwas vorlebt, wonach wir Christen uns alle sehnen. Eine liebevolle Gemeinschaft, wo Menschen ihre geistliche Gabe und ihre Talente dort einbringen können, wo sie gebraucht werden. Wir waren überwältigt von den Gottesdiensten, die auf Suchende und Kirchendistanzierte zugeschnitten waren. Qualitätvolle Musik, mit gläubigen Musikern, eine Predigt, die biblisch fundiert die Menschen zum Lachen und Weinen bringen konnte, dabei immer ganz klar und verständlich war und Lebenshilfe für viele alltägliche Probleme bot. Eine witzige Moderation und herrliche Lieder, die es einfach machten, Gott zu loben. Gottesdienste für Jugendliche, die unglaublich nah an der Lebenswelt pubertierender Teenies und junger Erwachsener orientiert waren. Wo junge Menschen durch Sport und Freizeitangebote echte Gemeinschaft erfuhren und mit Menschen jeden Alters zum Dienen angeleitet wurden. Ohne Druck wurde hier die frohe Botschaft verkündet, und das mit einer Kreativität, die ansteckend war. Ein gemütlicher Ort als Mitte der Gemeinde mit Tischen, an denen zusammen gegessen wurde, Bibelgespräche stattfanden, wo gelernt und ausgetauscht wurde und dennoch nichts einer Kantine glich. Wir erfuhren von unseren liebevollen Gastgebern, dass sie dazu Gemeinde sind, dass Menschen Gott finden können. Überall begegneten wir authentischen Christen und fingen an zu ahnen, dass uns dieser Besuch verändern wird.

Kinder, Kinder, Kinder

Die Begeisterung selbst einfacher Mitarbeiter war schon unglaublich. Ein Mann, der für die Toilette zuständig war, stand mir Rede und Antwort. Er hatte gerade Urlaub und half seiner Gemeinde bei dem Ansturm, damit alles schön sauber ist. Als ich ihn fragte, was er von Beruf sei, meinte er „Notar". Ich habe in Deutschland noch nie einen Notar die Gemeindeklos putzen sehen, dachte ich. Die wirkliche Überraschung konnten wir am Sonntag früh erleben, als wir die Kinderarbeit und Kindergottesdienste kennen lernen durften. 3000 Kinder erleben hier eine Betreuung und Gottesdienste, während ihre Eltern der Predigt lauschten. Nach Alter getrennt strömen die Kinder in ihre Kleingruppen zusammen, erleben kindgerechte, den Altersstufen entsprechende Gottesdienste, die kreativ und spannend waren, aber nichts von der biblischen Wahrheit wegnahmen. Hier war nichts Show. Alles wirkte echt und hatte eine Qualität, wie wir es bei Gottesdiensten für Erwachsene kannten, aber nie zuvor für Kinder erlebt hatten. Anschließend wurde in den Kleingruppen gemeinsam gebetet, Fragen der Kinder besprochen und das Gehörte spielerisch für den Alltag aufbereitet. Mit einem Gruppenleiter wie mit einem „Hirten". Alles war so herzlich und tiefsinnig, die Kinder beteten, erlebten die biblischen Geschichten und Lieder. Alles war so innig. Sie wollten für die großartige Botschaft des Evangeliums alles einsetzen, damit die Kinder Jesus verstehen und sie nicht mit Jesus langweilen. Wir hörten zu und fragten Pastoren und Mitglieder aus, und am Ende waren wir ergriffen und sauer! Sauer, wütend, zornig! Warum ist das hier alles möglich, und dabei war es nicht einmal eine katholische Gemeinde? Mein guter Franz, der nun über 40 Jahre

katholischer Priester ist, sagte laut, was Schwester Claudia und ich dachten: „Hat nicht unsere Kirche den Heiligen Geist gepachtet? Wieso treibt er sich hier mehr rum?“ Wir lachten und hätten auch weinen können. Warum haben wir nie im Studium etwas von den geistlichen Gaben gehört? Wie konnten hier Christen nur so wundervolle Ideen haben, die Botschaft Jesu so kreativ umzusetzen? Was tun wir eigentlich zu Hause? Als wir ziemlich erregt im Foyer zusammensaßen und uns viele Gedanken machten, kam plötzlich eine Frau auf uns zu, stellte sich kurz vor, hieß uns willkommen und sagte zu mir: „Ich sehe vor mir, dass Sie etwas Großes in Deutschland tun werden“ und ging weiter. Drei verdutzte Katholiken ließ sie am Tisch zurück.
Wir blieben aufgewühlt, und das war gut so. Wir ließen neue Freunde und viele Eindrücke zurück und kehrten heim. Ich hatte gewusst, dass Gott etwas vorhatte, aber diese Dimension hatte meine Vorstellungskraft und alles, was ich von Gemeindearbeit bisher kennen gelernt hatte, übertroffen. Natürlich, hier wurden nicht die Sakramente gefeiert wie bei uns, hier fanden keine Eucharistie oder regelmäßige Abendmahlsfeiern statt, aber hier wurde ein Christentum praktiziert, das Suchenden eine lebendige und überzeugende Gemeinde bot. Hier war etwas von der Urgemeinde spürbar und von einer Freude, die ich suchte. Freude zum Dienen. Hier wurden Einstiegsmöglichkeiten für Menschen auf gewinnende Weise geboten. Denn die Menschen müssen ja erst einmal da sein, bevor ich sie für meine Kirche gewinnen und ihnen auch die Schönheit einer lebendigen Gemeinde zeigen kann.

Go X – der Gottesdienst, der extra anders ist

Natürlich war es nicht unsere Absicht, etwas zu kopieren, weil das gar nicht möglich ist. Aber wenn andere es auch geschafft haben, warum können wir es nicht wenigstens versuchen, auch etwas davon zu initiieren. Versuchen, einen Gottesdienst für Suchende auf die Beine zu stellen? Es fehlte an allem: Wir brauchten kreative Ideen, Mitarbeiter, gute Musiker, Schauspieler und Spielerinnen für die Theaterstücke. Amerika war weit weg. Aber Niederhöchstadt nur 289 km. Dort gab es eine Gemeinde, die auch den Aufbruch gewagt hatte, in der wir Freunde hatten. Ich brauchte nicht lange zu warten. Fabian rief plötzlich unerwartet an und lud mich als Interviewpartnerin in genau diesen besonderen Gottesdienst, der „Go Special" hieß, ein. Das war doch wieder Fügung. Ich war sehr beeindruckt und nach ein paar Wochen fuhr ich mit einigen Mitarbeiterinnen aus meinem Frauenkreis nach Niederhöchstadt, damit auch sie sich das einmal anschauen konnten. Es hatte auch bei ihnen gefunkt. Mir war klar, dass wir noch viel Gebet brauchten und ein Konzept. Ein moderner Wortgottesdienst, der die ansprechen sollte, die noch nicht da waren: Suchende und Kirchendistanzierte. Wann und wie sollte es losgehen? Nun, es kam uns zugute, dass wieder zwei Jahre vorbei waren und unser nächstes Kirchenfestival vor der Tür stand. Wir werden diesen neuen Gottesdienst beim Festival einführen. Aber wie erreichen wir die Fernstehenden? Wir haben eine Einladung an 2000 Leute unserer Pfarrei verteilt. Wir dachten an die 18-50-Jährigen. Später hatten sich Ältere beschwert, dass wir sie nicht auch eingeladen hatten. Und ein Herr war so wütend, weil er ein regelmäßiger Kirchgänger sei, und empörte sich über die Einladung, die Menschen galt, die Gott noch nicht kennen. Schade, dass er nicht auf die Idee kam, es einem Nachbarn weiterzugeben, der Gott wirklich noch nicht kannte. Es war viel Improvisation. Wir hatten die Latte sehr hoch gehängt. Eines war klar, der Pfarrer darf hier nicht predigen, obwohl unser Franz tolle Predigten hielt. Aber er war zu alt für das neue Publikum. Es sollte jemand zeitgemäßer predigen. Es war bald klar, dass ich das in Zukunft tun würde. Die Band bestand aus Schwester Claudia am Keyboard, ich spielte anfangs auch noch die Gitarre, und unser Schlagzeuger aus dem Musical sprang ein. Auch ein paar Solosängerinnen aus dem Musicalteam verstärkten, die neue „Band“. Zum ersten Go X luden wir Fabian Vogt als Prediger ein. Ich moderierte mit Christine, die die Gabe dafür hatte, und wir ahnten alle nicht, dass wir dies viele Jahre miteinander machen würden. Es war ein steiniger Weg, die Besucherzahlen pendelten zwischen 50 bis 200 Besuchern. Wir wurden sicherer. Jetzt begannen wir, den Go X einmal im Monat zu feiern. Die Themen wurden aufregender. Zum Thema: „Du musst schön sein in dieser Welt“ hatte ich echte Models eingeladen, und wir bauten einen Laufsteg in den Mittelgang der Kirche. Christine und ich begrüßten unsere Gäste. Ich saß auf einem Heimtrainer und radelte, sie im Bademantel und Gurkenscheiben im Gesicht. Als sie mich fragte, ob denn das noch was nützt, was wir für unsere Schönheit hier täten, stimmte ich natürlich zu. „Wenn echte Models kommen, müssen wir uns schon ranhalten.“ Danach begrüßte ich alle Anwesenden als „AS“– alle „Anonymen Schönen“, die heute hier sind. Nachdem die beiden Models uns einige Kollektionen präsentiert hatten, gaben sie ein Lebenszeugnis. Eine von ihnen hieß Saba, und wir hatten sofort einen Draht zueinander. Sie war eine überzeugte Christin und hatte die Botschaft, dass in jedem Menschen eine Schönheit steckt. Später kam sie öfters in unsere Kommunität, wir sind uns bis heute verbunden. Der Gottesdienst zum 11. September war überfüllt. Ich hatte den Iman von Bayreuth eingeladen und einen Rabbi aus Bamberg. So einen tiefen und ergreifenden Gottesdienst hatten wir noch nie gefeiert. Meine Popularität, meine vielen Vorträge und auch meine Medienpräsenz, die nie nachließen, führten mich zu vielen ungewöhnlichen Menschen. Umgekehrt folgten viele auch meiner Einladung nach Pegnitz. So hatten wir schon Maite Kelly zu Gast, den „Iron Man", verschiedene Liedermacher und Politiker. Der Go X ist bis heute ein anderer Gottesdienst, der uns viel Freude bereitet. Wir gehen in das achte Jahr damit. Unsere Band ist inzwischen mit hervorragenden Musikern ausgestattet und wird immer noch von Schwester Claudia betreut. Unsere Sängerinnen sind großartig. Manche Höhen und Tiefen haben wir als Team erlebt, manche mühselige Vorbereitungsstunden. Manchmal musste ich unter großem Druck bis kurz vor Gottesdienstbeginn die Predigt fertig machen. Aber wenn der Gottesdienst anfängt, wenn der Lobpreis beginnt, ein Theaterstück unser Herz öffnet, Fürbitten der Besucher gelesen werden, dann breitet sich immer ein Frieden in meinem Herzen aus, und ich weiß, dass wir immer „Go X" feiern werden. Gott hat ihn gewollt. Gottesdienst kann spannend und lustig, ergreifend und hilfreich für den Alltag sein. Die Atmosphäre im „Go X" ist einladend und freundlich. Neben den ganz traditionellen Gottesdiensten ist diese neue Form ein großer Gewinn für unsere Gemeinde. Ein Ort, dem Glauben und unserer Kirche neu zu begegnen. Nach dem Gottesdienst findet ein Bistro statt, das inzwischen die Jugendlichen unserer Pfarrei selbstständig betreuen und sich etwas für die Jugendkasse dazuverdienen.

Unsere Kinder gehen verloren

Nachdem sich der Go X für Erwachsene etabliert hatte, spürten wir, dass Gott uns nun für unsere Kinder entflammte. Genau weiß ich gar nicht mehr, wie dieses Feuer zu lodern begann, aber irgendwann wachten wir auf und spürten diesen tiefen Schmerz und ein Erschrecken: Unsere Kinder gehen uns verloren! Trotz aller Bemühungen um ansprechende Kindergottesdienste kamen die meisten Kinder nach der Erstkommunion nicht wieder. Wir sahen sie noch ein paar Mal anlässlich der Firmung. Natürlich wussten wir, dass wir die großartigste Botschaft der Welt haben. Aber die Verpackung stimmte nicht mehr. Wir konnten nicht ihr Herz berühren. Für viele Kinder ist der normale Gottesdienst oft langweilig, und wir hatten uns eine Zeitlang damit abgefunden. Oft genug suchten wir Gründe bei anderen. Nachdem wir darauf gebracht worden waren, gaben wir ehrlich zu, dass es an der Art lag, wie wir Gottesdienste feierten. Wir hatten in Willow Creek erlebt, wie begeisterte Kinder und begeisterte Gottesdienste aussehen können, und wir stellten uns ernsthaft die Frage, wieso wir bislang nicht mehr Ideen, Begeisterung, Engagement, Zeit und Geld für unsere Kinder aufgebracht hatten. Was ich mit Dreiundvierzig und ein Pfarrer mit siebzig Jahren für kindgerecht hält, und was tatsächlich für einen Sieben- oder Zehnjährigen interessant ist, da liegen Welten dazwischen. Aber sind unsere Kinder nicht die zukünftigen Lehrer und Politiker, Mütter und Väter! Wir ließen uns in Frage stellen, und wir wussten, Gott ließ uns über unseren katholischen Kirchturm schauen, damit wir eine neue Leidenschaft für Kinder entwickelten.

Abenteuerland für Kinder

Wir waren bereit für einen neuen Kindergottesdienst, den wir Abenteuerland nennen wollten. Das Konzept und die ersten Materialien, die diese amerikanische Gemeinde mit allen teilt, die Kinder für Jesus erreichen wollen, waren ein großes Geschenk für unsere Kinderarbeit. Nach einigen Kongressen für Kinderarbeit, die wir besuchten, nach Schnupperabenden und wiederholten Besprechungen war uns klar: „Unser Gottesdienst sollte zur schönsten Stunde in der Woche für die Kinder werden.“ Schnell hatten wir an die 30 Mitarbeiterinnen zusammen, Mütter für Kleingruppen, Opas, die für uns Kulissen handwerkten, begabte Kinder und Erwachsene, die Theater spielen konnten. Jetzt mussten wir die Gemeinde darauf vorbereiten, zumal wir unsere traditionellen Sonntagsgottesdienst-Besucher bitten mussten, die Kirchen zu tauschen. Wir haben zwei Kirchen in der Pfarrei, die beliebtere Barockkirche, in der bisher Kindergottesdienste gefeiert wurden, war zu klein für unser neues Unternehmen. Dagegen waren unsere Hauptkirche und das Pfarrzentrum dafür ideal geeignet. Unser Pfarrgemeinderat stand hinter uns, und Franz verstand es mit viel Einfühlungsvermögen unserer Gemeinde klar zu machen, dass wir für 10 Wochen versuchsweise mit unseren Kindern, die nicht mehr oder noch nicht den Weg in die Kirche gefunden haben, etwas Neues wagen wollten. „Lasst es uns ausprobieren. Tauscht für zehn Wochen die Kirche und vor allem betet für die Kinder und uns, dass es gelingt.“ Es war unglaublich. Nicht einer hat dagegen gemotzt. Nun teilten wir an alle katholischen Kinder in den Kindergärten und Schulen Namensschilder zum Umhängen aus und sagten den Kindern, sie sollen ihren Namen drauf schreiben. Wenn sie am Sonntag zur Kirche kommen, würde ein Bodyguard an der Tür stehen. Wenn sie ein Namensschild haben, werden sie zum Abenteuerland eingelassen. Franz und ich schlossen eine Wette ab, wie viele Kinder kommen würden. Ich hatte gewonnen und bekam von einem strahlenden Pfarrer eine Flasche Champagner geschenkt. Vierhundert Kinder hatten uns überwältigt. Sie stürmten die Spielstraße im Pfarrzentrum. Das war der erste Teil des neuen Konzeptes. Weil Kinder am liebsten spielen, gab es da ganz viele tolle Spiele zum Kennenlernen. Vom Kegeln bis zum Krabbeln durch einen Erlebnistunnel, einer Mohrenkopfwurfmaschine, Schminken, Basteln und vieles andere mehr. Dann ging's in die Kirche. Kindergartenkinder ließen wir auf Papphockern vor der ersten Bankreihe sitzen, damit sie gut sehen können. Die Bänke für die verschiedenen Alter waren mit bestimmten Farben gekennzeichnet. Der Gottesdienst ging los mit dem Countdown 10-9-8-7... Dann zog der Pfarrer mit den Ministranten ein. Der Wortgottesdienst begann. Alle Lieder wurden mit Bewegungen gesungen. Niemand musste lange still sitzen. Während der Verkündigung konnte man eine Stecknadel fallen hören. Nachdem die Verkündigung vorbei war, gingen alle Kinder aus der Kirche und sammelten sich in Kleingruppen, während der Pfarrer in der Kirche die Eltern und Erwachsenen mit der Predigt „betreute". In den Kleingruppen wurde spielerisch versucht, mit den Kindern das Gehörte des Evangeliums zu vertiefen und darüber ins Gespräch zu kommen. Am Ende beteten wir gemeinsam. Die Kinder von der dritten Klasse an gingen nach der Predigtzeit zurück zur Eucharistiefeier mit den Erwachsenen. Die Jüngeren kamen erst zum Segen zurück in die Kirche. Wir waren überwältigt, und die Kinder äußerten ihre Begeisterung. Wir konnten viele Mitarbeiter nach den ersten Gottesdiensten gewinnen. 10 Wochen lang war in unserer Gemeinde Ausnahmezustand. Ein Kin-

dersturm auf die Kirche. Unser Pfarrer konnte oft seine Tränen nicht zurückhalten. Wann hat er je in seinem Leben vor so vielen Kindern gestanden, die dem Evangelium lauschten und so innig und begeistert dabei waren. Gott hat ein Wunder vollbracht, ein Traum von Kirche ist für uns Wirklichkeit geworden. Louisa, z. B., gerade 5 Jahre, zupfte an meinem Gewand und sagte: „Das Abenteuerland ist fei schöner als die Sendung mit der Maus“ und Michael, der gerade zwei Jahre geworden war, meinte: „Wie oft muss ich noch schlafen, um in die Kirche zu gehen?“ Wir feierten das Abenteuerland in den ersten zwei Jahren mit einer Staffel von jeweils zehn Gottesdiensten im Frühjahr und Herbst. Dann beschlossen wir, diese neue Form, die so viele hundert Kinder begeisterte, vierzehntägig vom Schulbeginn im Herbst bis Ostern zu feiern. Inzwischen waren wir über 50 Mitarbeiter. Eine Kinderband entstand, eine Theatergruppe mit Kindern und Erwachsenen, das Spielstraßenteam und ein Organisationsteam. Nicht nur die Kinder, auch Eltern und Großeltern wurden zum festen Besucherstamm. Mein Kinderchor wuchs rasant an, und der Jugendchor mehrte sich jedes Jahr, denn auch der Jugendchor sang mit wachsender Begeisterung und bewundernswerter Zuverlässigkeit in jedem Abenteuerland. Wovon andere Gemeinden nur träumten, hier gab es Kinder, viele Kinder! Sie mussten nicht kommen, sie kamen aus echtem Interesse. Die Jüngsten, die gerade krabbeln können, kommen aus Freude am Singen und Spielen, die Zwölfjährigen, die in Kleingruppen, ihre Fragen loswerden konnten.
Nachdem wir einige Jahre das Material benutzten, das Willow Creek zur Verfügung stellte, fing ich an, unsere eigenen Ideen umzusetzen. Wir waren Profis geworden. Wir wollten unsere Kinder in unsere katholische Kirche einführen. So schrieb ich Entwürfe, wie man Kindern ganz spannend unse-

ren Gottesdienst nahebringt. Vom „Kyrie“ bis hin zur Wandlung. Der erste Band erschien dann im Don Bosco Verlag unter: „Kindergottesdienste Abenteuerland“. In all den Jahren kamen immer wieder Gäste, die sich diesen Gottesdienst anschauen wollten. Nicht nur aus katholischen Gemeinden, auch evangelische Christen besuchten uns, da ich viele Einladungen zu Vorträgen von evangelischen Gemeinden bekomme, sogar Vorbereitungsgruppen von Kindergottesdiensten kamen, sogar eine Gruppe aus Hannover. Nach ca. fünf Jahren besuchten immer noch an die 250 Kinder regelmäßig unsere Abenteuerlandgottesdienste. Manche Mitarbeiter hörten auf, neue kamen dazu. Aber das eingeschworene Team blieb treu, und nun im sechsten Jahr freuen wir uns schon wieder auf das nächste Abenteuerland.
Immer wieder werde ich eingeladen, unser Konzept vorzustellen, oder besser gesagt, die Zuhörer mit meiner Begeisterung anzustecken. Regelmäßig vor zweihundert oder mehr Kindern zu stehen, löst Energie und Kraft aus und lässt uns all die Arbeit vergessen. Solche Erfahrungen wünsche ich allen in allen Gemeinden in Deutschland, wundere mich nur, warum so wenige sich ein Beispiel nehmen und nicht den Mut finden, auch neue Wege zugehen.

UNSER „SOMMERMÄRCHEN“

100 000 Euro und Kulturpreis

Wenn ich an das Jahr 2004 denke und versuche, Gottes Wirken zu beschreiben, wirkt alles unwirklich, einem Traum gleich. „Es klingt wie ein Märchen“, meinte dazu sogar ein Journalist. 10 Jahre waren wir nun in Pegnitz. Niemand wollte einfach so glauben, wie schnell diese Jahre verflogen sind, und noch mehr, was wir alles in diesen Jahren erlebt hatten. Im Dezember 2003, als wir im Hinblick auf unser Jubiläumsjahr, unseren Freundesbrief vorbereiteten, konnten wir selbst nicht fassen, was diese kleine Gemeinschaft in den neun Jahren alles auf die Beine gestellt hatte. Und ich konnte nicht fassen, dass ich im nächsten Jahr vierzig Jahre werden würde. Ich wollte immer Achtzehn werden! Und nun? Es war Zeit, Bilanz zu ziehen und ein Jubiläumsfest zu planen. Vielleicht würde ich ja im nächsten Jahr eine „Midlifecrisis“ bekommen. Ich bereitete alle in meiner Gemeinschaft darauf vor, sie lachten mich aus, was mich allerdings nicht überraschte. Ich hatte schon im Sommer unsere Finanzen überschlagen und stellte fest, dass wir zwar gut leben konnten, aber die vielen Investitionen für das Equipment, für die Musicals, die neuen Formen der Verkündigung, die kreativen Ideen führten dazu, dass wir am Monatsende doch oft knapp bei Kasse waren. Nicht dass ich mich irgendwie unwohl fühlte, Gott hatte immer reichlich für uns gesorgt. Aber unser Bemühen reichte gerade so, dass wir nicht ins Minus kamen. Es war abzusehen, dass ich endlich ein eigenes Auto brauchte, weil immer mehr Einladungen zu Vorträgen kamen. Und ich würde doch so gerne meiner Mutter einmal im Leben etwas Größeres schenken wollen! Wir hatten keine Ersparnisse. Wie auch? Wir waren neun Jahre im Kloster, ich hatte immer noch eine halbe Stelle, damit ich frei war für die vielen Einladungen außerhalb unserer Gemeinde. Das hieße für später eben auch nur eine halbe Rente. Irgendetwas musste geschehen. Gott hatte mich noch nie enttäuscht. Also fing ich an zu beten: „Lieber Gott, wenn es Dir kein Umstände macht und Du mal etwas übrig hast, bitte denk an mich.“ Ich betete jeden Tag dafür. Die anderen wussten nichts davon, warum auch. Unser Jubiläumsjahr kam und ich war schließlich die Leiterin. Ich hatte also die Verantwortung, uns abzusichern, und ich hatte mit Gott eine Vereinbarung geschlossen. Ich war zuversichtlich, nein, er wird mich nicht enttäuschen, aber ich ließ ihm völlige Freiheit, was geschehen könnte. Eins wusste ich allerdings, Lotto bräuchte ich nie spielen. Ich hatte noch nie was gewonnen, keinen Blumentopf, geschweige denn ein Los auf einer Kerwe hätte je einen Hauptpreis gebracht. Und ich sagte ihm immer wieder, dass ich bereit bin, alles dafür zu tun, was nötig war. Ich glaubte an meinen Gott. Alles hat seine Zeit, erst mal Ihm danken für 10 Jahre Leidenschaft!

10 Jahre Kleine Kommunität

Am Pfingstfest feierten wir unser Jubiläum, und unsere Gemeinde feierte mit, vor allem die vielen Mitarbeiter machten uns eine große Überraschung. Sie hatten ein Potpourri aus meinen sieben Musicals zusammengestellt und alle Sängerinnen und Sänger, die je mitgemacht hatten, waren gekommen, um „ihr“ Lied, das ich für sie geschrieben hatte, nochmals zu singen. Und sie schenkten uns einen Gutschein für das berühmte Pflaums Posthotel. Der ehemalige Generalvikar Alois Albrecht, der uns bei der Gründung unserer Kleinen Kommunität unterstützt hatte, feierte einen Dankgottesdienst mit unserer Gemeinde, den unsere vielen Kinder und Jugendlichen und Erwachsenen meiner Chöre mitgestalteten. Über viele Grußkarten und Besucher, wie unseren Landrat, Bürgermeister und viele Gäste aus nah und fern, freuten wir uns wirklich sehr. Anschließend luden wir zum Essen in den Pfarrsaal ein. Zehn Jahre Rückblick zeigten wir dann in Bildern, und immer wieder musste ich ergriffen bekennen: Gott, Du bist unglaublich! Fünf Festivals, unzählige Reisen, neue Gottesdienstformen, an die 30 Vorträge im Jahr, Musicalaufführungen und Katholikentage, Fernsehauftritte und meine Bücher wurden in Tschechien und Kroatien übersetzt und herausgegeben. „Eine kleine Gemeinschaft mit einer großen Ausstrahlung“ schrieb uns ein Pfarrer. Diese Tage waren so aufbauend, dass wir dankbar und glücklich waren. Alles hatte sich gelohnt, auch die schweren ersten Jahre in unserer Gemeinde. Natürlich haben wir nicht alle überzeugen können, und einige stille Kritiker haben wir auch weiterhin, aber auch unzählige Freunde und eine lebendige Gemeinde und Gemeinschaft. Sollte dies nicht genügen? Was wollten wir noch mehr!

Wissensquiz bei Jörg Pilawa

Gott selbst erinnerte mich durch den Telefonanruf der Castingagentur von Jörg Pilawa, was ich noch wollte. Der Mann am anderen Ende der Leitung fragte mich, ob ich in der Quizshow mitmachen möchte. Es war ein Redakteur, der mich vor einigen Jahren für die Sendung „Sag die Wahrheit" gewinnen konnte. „Worum genau geht es diesmal?", fragte ich zögernd nach: „Um Wissen und Geld." Ich musste schlucken, Angst und Freude kam in mir hoch. „Ja, sagte ich, ich fürchte, ich muss mitmachen." Als ich aufgelegt hatte, wusste ich: Das war vom lieben Gott! Es gab kein Nein und kein Zurück. Ich hatte ein Jahr gebetet, das war die Chance! Ich rief alle im Haus zusammen. Erst wenn man zur Ruhe kommt, sich eine Quizshow über Wissen genau anschaut, die Fragen, die da gestellt werden, nicht beantworten kann, in den Spiegel schaut und ehrlich feststellen muss: „Du bist zu blöd für so was", dann beginnt das Lampenfieber, das erst endet, wenn alles vorbei ist. Bei mir dauerte es genau 5 Monate. Niemand in meiner Gemeinschaft war bereit mitzumachen, und ich kann das wirklich verstehen. Schwester Claudia winkte ab, und Pfarrer Franz gab sein Alter als Vorwand an, er wüsste doch mit 68 Jahren nicht das moderne Zeug. Also überlegten wir, wen wir ansonsten ansprechen könnten, denn eins war klar, ich konnte nicht zurück, aus verständlichen Gründen und gebetstechnischen Vereinbarungen mit „Dem da oben". Doch keiner, den ich fragte, äußerte nicht zuerst irgendein Bedenken: „Was, wenn ich versage?". Ich betete und schlug Franz vor, doch einen Test im Internet zu machen. Zweidrittel der Fragen wusste er. Daraufhin sagte er doch zu. Doch so einfach war das nun auch wieder nicht. Wir mussten erst zu einem Casting nach München, zu einem Wissenstest. „Die

müssen ja wissen, ob wir überhaupt was wissen." Aber eigentlich war das nicht so schlimm. Niemand hier in Pegnitz wusste davon. Wenn wir es nicht schaffen, ist nichts passiert. Sehr, sehr viele Kandidaten kamen in einem Münchner Hotel zusammen. Wie bei einer Abschlussprüfung wurde Aufsicht geführt, und wir mussten 25 Fragen durch Ankreuzen von einer der vier vorgeschlagenen Möglichkeiten beantworten. In einem schnellen Tempo. Entweder weißt du es, oder nicht. Nach der Auswertung hatten 7 Kandidaten den Test geschafft. Wir waren dabei. Anschließend wurden alle Kandidaten mit Video aufgenommen, wie sie sich gemeinsam vor der Kamera geben. Das war nun wirklich kein Problem für uns. Sechs Monate könnte es dauern, bis man benachrichtigt wird. Wir fuhren zurück. Wer weiß, ob wir überhaupt genommen würden. Drei Wochen später kam der Anruf. Wir sollen nach Hamburg kommen.
Zuvor war noch der Katholikentag in Ulm, und ich nutzte wirklich jede freie Minute um verschiedene Bücher über Allgemeinbildung zu studieren und um mein Wissen aufzufrischen. Man kann ja unmöglich alles wissen. Welcher Bundesligaverein wann Meister war, wie das eine oder andere Tier oder Pflanze heißen oder gar welcher unserer vielen Politiker welches Amt innehatte. Zwischendurch verlor ich schon den Mut, die Aufregung wurde stetig größer. Was ist, wenn ich mich wirklich blamiere, war eine bange Frage. Wir fahren nicht als Privatpersonen hin, wir fahren als Schwester und Pfarrer. Was, wenn wir nach der zweiten Frage rausfliegen. Ich stellte mir schon so manches schadenfrohe Gesicht vor. Du musst verrückt sein, da hinzufahren! Na toll, lieber Gott! Ich weiß, ich weiß. Es gibt kein Zurück mehr.
In Hamburg blätterte ich noch im Bett die Olympiasieger der letzten zehn Jahre nach. Am Morgen wachte ich mit Panik auf: „Seit wann gab es das bayrische Reinheitsgebot für

Bier?“ Vielleicht bekommen wir gerade so eine Frage, weil wir aus Franken kommen! Nach dem Frühstück riefen wir in Pegnitz einen Freund an, um auch das noch herauszufinden. Die Redakteure waren sehr freundlich und versuchten uns den ganzen Vormittag zu beruhigen, aber je näher das Spiel kam, umso mehr erhöhte sich mein Blutdruck. Als wir eine Probefrage bekamen und im Studio auf den „Stühlen“ saßen, da wusste ich: Es ist ein gewaltiger Unterschied, ob du im Wohnzimmer sitzt oder hier. Ich ging in meine Umkleide, schaute hinaus und ein kleiner Fleck Himmelblau war zu sehen. „Liebster Vater. Danke, Du hast völlig Recht, ich hab mir das selbst eingebrockt. Ich hab gebetet, und Du hast es möglich gemacht. Bitte verlass mich jetzt nicht.“ Wir standen im Studio und zwei andere Kandidaten kämpften tapfer, nur einige Schritte von uns entfernt, ohne großen Erfolg. Mir war schlecht. Gerade jetzt erinnerte ich mich, wie schlecht ich in der Schule war. Sicher, mein Studium hatte ich mit der Note 1,7 abgeschlossen, aber mein Abi damals nur mit 3,2! Mein verpatzter Matheleistungskurs, mein Versagen in manchen anderen Fächern! Ich hatte damals wirklich nur den Sport im Kopf. Selbstzweifel überkamen mich, und Franz war keine Hilfe, da er meinte, mit seinem „fränkischen“ Humor könnte er mich beruhigen. Er musste sich ja nicht extra vorbereiten, er sollte nur Ruhe bewahren, das war die Absprache. Ich dagegen lernte wie eine Blöde, damit ich mir hinterher keinen Vorwurf machen musste: „Du hättest ja etwas dafür tun können.“ Mir rannen die Tränen über die Wangen, so dass eine Assistentin herbeisprang, um mich neu einzupudern. Da rief uns Jörg Pilawa schon herein. Alle Aufregung war wie weggeblasen! Es ist nur ein Spiel! Und ich werde mein Bestes tun. Franz ist ja da, mein bester Freund auf dieser Welt. Da kann nichts schief gehen. Wir setzten unsere Gewinnmarke auf 10- bzw. 30 000 Euro, und es ging los. Die erste Frage hätte schon das Ende sein können, es ging um ein „Flohhalsband“. Wie schrecklich! Aber dann wusste ich es doch. Bevor jede weitere Frage auftauchte, betete ich: „Jesus, hilf uns.“ Als wir die ersten 10 000 Euro hatten, endete die erste Aufzeichnung. Wir waren eben ein tolles Team, und was ich nicht wusste, wusste eben mein Franz und umgekehrt. Wir waren schon aus dem Häuschen. Franz musste sich umziehen, und die kleine Pause nutzten wir, um uns in die Arme zu fallen und Gott zu danken. Was auch immer jetzt noch passiert, ist völlig egal. Die erste Hürde war genommen. Und es war so viel Geld, das wir noch nie hatten. Die Sendung ging weiter, und wir waren wie ausgewechselt, lachten und spielten, und Jörg Pilawa äußerte mehrmals, wie viel Spaß es ihm mit uns macht. Wir konnten von unserer Arbeit erzählen, und als er mich fragte, was passiert, wenn Franz die nächste Frage nicht beantworten kann? sagte ich spontan: „Dann buscht's!“. „Und was, wenn er es kann?“ – „Dann gibt's Champagner!“ Alles lachte, und ich verriet ihm den Ausspruch von Winston Churchill über Champagner: „Wenn wir gewonnen haben, dann haben wir ihn verdient. Wenn wir verloren haben, dann brauchen wir ihn.“ Wieder lachte alles. Wir hatten 30 000 Euro. Wir spielten weiter und konnten auch die Fünfzigtausend-Euro-Frage beantworten. Nun die entscheidende Frage: „Wollen Sie weitermachen?“ Franz hatte vorher gesagt, er spiele nicht weiter, wenn die Antwort auf die Frage letztlich von ihm abhängt. Und das war nun der Fall. Ich sagte: „Wir machen weiter.“ Ich fühlte den tiefen Frieden und wusste, warum ich hier saß. Die 100 000-Euro-Frage war schrecklich: „Welcher Fluss trennt Brasilien von Argentinien?“ Vier Namen zur Auswahl. Ich sagte irgendwann „Rio Uruguay“, und Franz bestätigte es nach einer Weile, denn er wusste es nicht besser, und er wollte nicht schuld sein, wenn die Antwort falsch war.

Jörg Pilawa machte es so spannend, dass wir dachten, wir hätten verloren, aber es stimmte. Es stimmte! Ich sprang vom Stuhl, umarmte Franz, riss die Arme hoch, machte ein Kreuzzeichen und sagte: „Das war cool!“ Alle freuten sich mit uns. Und wir wollten nicht weiterspielen. Gott hatte alles gut gemacht. Man darf nicht zu viel herausfordern.

Ich finde die Pfanne nicht

Die anderen Kandidaten gratulierten uns, und nach einer schnellen Verabschiedung wurden wir zum Hamburger Hauptbahnhof gefahren. Ich musste ja am nächsten Tag in die Schule. Nun standen wir am Bahnsteig und waren fix und fertig. Wir wussten nicht, ob wir weinen oder lachen sollten. Ich hätte laut schreien können, aber das durften wir nicht. Wir mussten einen Vertrag unterschreiben, dass wir niemanden sagen, dass wir in der Sendung waren und wie viel wir gewonnen haben, bis sie ausgestrahlt würde, sonst müssten wir eine hohe Strafe zahlen. Nur der Rektor meiner Hauptschule wusste, dass ich in Hamburg bin, falls wir einen Tag länger weg sein müssten und ich Vertretung für meine Stunde bräuchte. Meine Mutter und meine Gemeinschaft waren die Einzigen, die genau wussten, was sich abspielte. Aber nun hätten wir ausflippen können. Wir konnten uns einfach nicht beruhigen. Ich könnte unmöglich bei der Heimfahrt mit dem Zug sechs Stunden schweigen, wenn andere Menschen in unserem Abteil wären. „Weißt du was, Franz, wir fahren 1. Klasse. Das können wir uns jetzt leisten.“ Er lachte und stimmte sofort zu. Wir waren allein. Ich rief meine Mama an, die daheim schon auf Kohlen saß: „Wir haben gewonnen. Sehr viel gewonnen." Auch sie war aus dem Häuschen. In den ersten Stunden versuchten wir, uns an die Fragen zu erinnern, aber wir bekamen nicht mehr alle zusammen. Wir riefen zu Hause an, und meine Cousine erzählte mir, als ich aufgelegt hatte, hätte sie geweint. Das war ja live. Das hört man von anderen, aber wir gehören zusammen. Die Stunden vergingen im Flug, aber wir konnten uns nicht beruhigen. Jetzt bekamen wir Hunger, denn wir hatten wegen der Anspannungen kaum was gegessen. Im Restaurant des Zuges wählte ich das Steak aus. So was bräuchte ich jetzt. Nach zehn Minuten kam die Bedienung und sagte mir: „Entschuldigen Sie bitte, wir hätten ein Problem. Wir finden die Pfanne nicht." Ich dachte, ich hör nicht recht: „Haben Sie gerade gesagt, dass sie die Pfanne nicht finden?" Als sie wegging, sagte ich zu Franz: „Jetzt haben wir hunderttausend Euro und die findet die Pfanne nicht." Ich weiß nicht, wie lange wir in dieser Nacht gelacht haben. Das glaubt uns kein Mensch. Es war nach Mitternacht, als wir nach Hause kamen und Mitschwestern auf uns warteten.

40 Jahre auf dieser Erde

An anderen Morgen saß ich übermüdet im Klassenzimmer und betrachtete meine Relischüler. Wenn Ihr wüsstet, dachte ich. Wem ich an diesem Tag begegnete, dachte ich: „Wenn Ihr wüsstet." Abends hatte ich eine Besprechung mit meinem Go X-Team. Als sie aus dem Haus waren, lachten wir. Wir lachten immer, wenn wir daran dachten. Gott hat uns gewinnen lassen. Wie lange werden wir jetzt das für uns behalten müssen? Vielleicht war es gut, dass bald Sommerferien kamen. Wegen der Sommerpause der Quizshow, Olympiade und Europameisterschaft, verzögerte sich der Sendetermin und wurde immer weiter nach hinten verlegt. Zwischendurch waren wir wirklich verunsichert. Ob wir das Geld auch wirklich bekommen?

Ein Tag vor meinem vierzigsten Geburtstag, als ich im Ausland wegen einer Überweisung ins Internet schaute, konnte ich meinen Augen nicht trauen. Das Geld war da. Meine Mama und die liebsten Menschen, die ich auf dieser Welt habe, feierten mit mir am nächsten Tag einen besonderen Geburtstag. Viele SMS und Anrufe erreichten mich, aber Franz hatte die größte Überraschung im Gepäck dabei. Einen Briefumschlag, den er noch aus der Post herausgefischt hatte, bevor wir in Urlaub gefahren waren. Mit Tränen in den Augen überreichte er ihn mir. Er war vom Landratsamt. Darin stand, dass der Landrat und der Kreistag Bayreuth mir den Hauptkulturpreis für Musik und Gegenwartsliteratur verleihen. Ich sollte das bis zur Veröffentlichung diskret behandeln. Ach nee! Wir waren im Schweigen inzwischen eingeübt. Ich war fassungslos. Überglücklich. Was für ein gesegnetes Jahr, was für Überraschungen.

Kulturpreis und Aufregungen

Wenn etwas kommt, kommt alles zusammen. Endlich wurde uns der Termin für die Ausstrahlung der Sendung bekanntgegeben. Es sollte Dienstag der 7. Oktober 2004 sein. Aber am Freitag zuvor wurde mir im Landratsamt der Kulturpreis verliehen. Alles innerhalb von 4 Tagen. Ach du liebe Güte. Beides musste ich erst mal verdauen. Auch wurde ich gebeten, bei der Überreichung am Ende mit meinen Kindern ein Lied zu singen. Jetzt musste ich die Kinder und Eltern vorbereiten, ohne ihnen genau zu sagen, warum wir dort eingeladen waren. Das war ein komisches Gefühl. Und einige Dankesworte musste ich ja auch vorbereiten. Meine Mutter und mein Bruder kamen zu diesem Anlass und natürlich meine Gemeinschaft. Es ist schwer zu beschreiben, wie man sich fühlt, wenn einem ein solcher Preis überreicht wird. Ich war es gewöhnt, in der Öffentlichkeit zu stehen, aber nun sprach der Landrat in einer Laudatio über mein ganzes Leben und erwähnte all das, was er für anerkennenswert erachtete. Er nannte die Musicals, und sprach über Kultur und Kirche und fügte zu den Daten und Fakten viele liebenswürdige Worte dazu. Er hatte meine Bücher gelesen und zitierte daraus. Ich folgte seinen Schilderungen, als wäre nicht ich gemeint, aber er meinte wirklich mich. Er übereichte mir die Urkunde, und ich erhielt einen herrlichen Blumenstrauß. Natürlich war ich bewegt, und meine Mutter weinte, und mein Franz weinte, und Claudia fotografierte, und meine „Schwestern" strahlten. Ich war glücklich. Das sagte ich auch allen, aber auch dass ich diesen Preis Gott widme, weil ich weiß, dass er alles gemacht hat, indem er mir die Kraft und so viele Gaben geschenkt hat. Und ich erwähnte, dass ich auch verstehen kann, wenn er mir die Kraft und all die Gaben geschenkt hat, sich manche „Geister" an mir scheiden. „Denn erstens bin ich eine Frau, zweitens eine dicke Frau und drittens eine erfolgreiche dicke Frau. Das ärgert immer irgendjemand." Die Zuhörer lachten. Ich dankte allen, vor allem meiner Mutter und meiner Gemeinschaft. Meine Kinder strömten herein und wir sangen mein Lieblingslied über meine Kirche. Jedes Kind hatte eine Rose in der Hand, die ich anschließend bekam. Irgendeine liebe Mama hatte das organisiert. Aber wer wusste davon? Rosen von Kindern. Ich musste an Hanau denken. Als sie mich mit Rosen verabschiedeten, als ich das Kloster und meine Gemeinde im Lamboy verließ, um diese neue Gemeinschaft zu gründen. Und nun waren über zehn Jahre vorbei. Glückliche, abenteuerliche Jahre. Alle diese Jahre wären ohne Franz nicht möglich gewesen. Er ist und bleibt für mich der beste Pfarrer auf der ganzen Welt. Er ist das Beste an mir. Danke Franz.

„Nicht weiterspielen"

Am siebten Oktober hat Schwester Claudia Geburtstag. Am siebten Oktober wurde die Quizsendung ausgestrahlt. Wir hatten zu einer großen Geburtstagsparty eingeladen, ohne unseren Gästen zu sagen, was wirklich dahinter steckt. Nach einem Interview mit beiden Zeitungen des Ortes wussten es dann doch alle, dass unsere Sendung mit Jörg Pilawa kommt. Und ein regionales Fernsehteam hatte sich angekündigt, ob es nicht filmen dürfte, wie wir uns die Sendung anschauen. Und das mit 40 Gästen im Wohnzimmer. Nach dem ersten Teil der Ausstrahlung tags zuvor wurde ich von vielen Kindern in der Schule angesprochen, manche drückten mir für heute Abend die Daumen. Klar, die dachten, das ist live. Aber wie soll ich so schnell nach Hamburg kommen! Jedenfalls hörten wir kein Auto auf der Straße. Uns wurde es immer mulmiger. Wie werden das die Pegnitzer aufnehmen? Werden wir wieder Neid erleben? Wird es viele Bettelbriefe geben? Mein erstes neues Auto hatte ich inzwischen bestellt, und es wartete auf die Abholung. Aber erst einen Tag nach der Ausstrahlung. Es war schön, dass viele Freunde mit uns in unserem Wohnzimmer saßen und die Sendung verfolgten. Nach den 50 000 riefen

einige ganz außer sich: „Nicht weiterspielen!“ Aber das hatten wir getan. Gott sei Dank! Die Freude war allgemein unerwartet groß. Das Telefon klingelte unaufhörlich.
Die nächsten hundert Tage wurden wir täglich entweder daraufhin angesprochen oder wir bekamen Briefe und E-Mails von Gratulanten. So viel Anerkennung hatten wir in unserer Stadt und von außerhalb noch nicht erlebt und so viel Mitfreude. Wir hatten auch gleich veröffentlicht, was wir mit dem Geld machen: ein Auto kaufen, einen geringen Teilbetrag für die Rente der Schwestern anlegen, eine Tafel für Bedürftige wollten wir eröffnen und verschiedene Projekte unterstützen. Es gab nur einen Bettelbrief. Wir waren so überwältigt von der Begeisterung der Menschen und hörten einige witzige Aussprachen, die Kinder geäußert hatten, als sie uns im Fernsehen sahen. Ein fünfjähriges Kind, das mich im Fernsehen erkannte, rief: „Das Abenteuerland ist im Fernsehen“, und ein Vierjähriger sagte über Pfarrer Franz: „Den Gott kenn ich!“ Ein Kind in der Grundschule meinte an der Tür: „Du hast viel gewonnen. Gratulation!“ Dieser kleine Erstklässler rührte mich so an. Für mich war alles unwirklich. Und eins wusste ich. Nie wieder würde ich in eine Quizshow gehen. Diese Aufregung stehe ich kein zweites Mal durch. Am nächsten Morgen war mein erster Weg in die Hauptschule. Franz und ich hatten belegte Brötchen und Champagner dabei, für meinen Rektor und die Kolleginnen und Kollegen, denn ich hatte ja für die Aufzeichnung der Sendung frei bekommen und spendete einen Beitrag für einen Fußballkicker. Anschließend holten wir mein Auto ab, in das ich mich verliebt hatte, einen Opel Signum, Turbodiesel und beim Drucker einen Schriftaufkleber, den ich sofort am Kofferraum festklebte: „Sponsored bei Gott“. Ja, dieser lebendige, verrückte Gott hat mein Gebet erhört. Alles, was ich bin und habe, verdanke ich ihm, und das dürfen alle wissen.

Deshalb kann ich kaum glauben, dass nun heute, nur drei Jahre später, der Tacho meines Flitzers über 100 000 km drauf hat. Seit den letzten 5 Jahren stiegen die Einladungen zu Vorträgen unaufhörlich und erreichten in den letzten zwei Jahren einen Höhepunkt. An die siebzig Vorträge, Ansprachen oder Predigten halte ich jährlich im gesamten Bundesgebiet. Überkonfessionell. Ob es katholische oder evangelische Gemeinden, Baptisten und andere Freikirchen, Unternehmer, „Christen im Beruf“ und Verbände wie der Bauernverband, Jugendgottesdienste oder Schulen sind. Ich mache keinen Unterschied. Es gilt immer noch für mich: „Wenn es klingelt, ist der liebe Gott dran.“ Vorausgesetzt, man erwischt mich. Unsere Sekretärin im Pfarrbüro schmunzelt schon, wenn sie mir mitteilt, dass wieder jemand angerufen hat, weil er mich nicht persönlich erreichen konnte und einladen will. Zeitweise ist das auch schwierig, da ich neben der Schule und Gemeinde immer wieder unterwegs bin. Am schnellsten sind die Samstagvormittage ausgebucht, an denen gerne „Frauenfrühstücks“ stattfinden, zu denen ich häufig eingeladen bin. Manchmal bin ich in einer Woche dreimal in verschiedenen Gegenden. Entweder haben mich Menschen im Fernsehen gesehen, mein Buch gelesen, waren in einem meiner Musicals oder haben mich schon persönlich gehört. Am meisten werde ich durch Mundpropaganda weiterempfohlen. Viele Gemeinden bemühen sich besonders, mich für einen Vortrag zu gewinnen, weil sie von der begeisterten Resonanz in der Umgebung erfahren haben oder von Teilnehmern wissen, wie sehr mein Glaubenszeugnis die Herzen der Menschen bewegt, sodass sie ganz glücklich sind. Es verbietet sich mir, dies im Einzelnen zu schildern,

aber ich weiß darum, dass ich verkünde, was Gott durch mich den Menschen sagen will. Ich kann ihm nur danken und staunen, dass er mich brauchen kann, um Menschen anzurühren. Viele Veranstalter nehmen meine Vorträge auf, und ich bin immer wieder überrascht, wenn Leute sich bei mir melden, die von irgendjemand eine Kassette oder CD von mir gehört haben. Eine Pegnitzerin erzählte mir sogar, sie sei mit ihrem Mann in Hongkong gewesen und hätte ein deutsches Ehepaar am Flughafen getroffen, die von einer Schwester schwärmten, die sie gehört hatten: Schwester Teresa. Da musste ich natürlich schmunzeln. Bin aber ganz unschuldig. Oft komme ich spät nachts oder in den frühen Morgenstunden zurück und kann dann natürlich nicht gleich schlafen. Ich danke Gott für meinen Grundschulrektor, der ein klein bisschen Nachsicht mit mir hat und es mir erspart, wenn es irgendwie geht, dass ich die erste Stunde halten muss. Und ich bin froh, dass ich fast nie alleine fahren muss. Immer ist jemand meiner Lieben dabei, vor allem Schwester Eleonora, unsere ältere Mitschwester, die dann mit Freude meine Bücher verkauft und dafür sorgt, dass ich am Steuer munter bleibe. Bei größeren Strecken dagegen ist immer Franz oder Schwester Claudia an meiner Seite.
In den ersten Jahren bin ich in jede Gemeinde gefahren, auch wenn manchmal nur 10 Leute da waren. Franz hält mir manchmal vor, welchen Aufwand ich betreibe, wie ich dies durchhalten könnte. Aber inzwischen sind mindestens fünfzig bis achtzig und gelegentlich zweihundert und mehr Zuhörer da. Natürlich wollen viele nach meinem Vortrag noch mit mir sprechen, beten, Probleme loswerden, Autogramme haben. Das ist manchmal erschöpfend, aber ich weiß, dass meine Gabe die Evangelisation ist. Die Begeisterung der Zuhörer und die vielen Rückmeldungen zeigen mir, dass das meine Aufgabe ist. Manchmal denke ich auch: Wo

bist du hier gelandet! Du musst verrückt sein, aber spätestens nach den ersten Worten fühle ich eine Kraft und Freude in mir, die nur von Gott kommen kann. Und immer wieder überrascht er mich. Wenn ich wegfahren muss, bin ich oft lustlos und schimpfe manchmal unheilig vor mich hin. Aber die Rückfahrten enden immer im Lobpreis.

So ging es mir, als mich ein evangelischer Pastor für eine Predigt an Christi Himmelfahrt zu einem Gottesdienst im Freien an einen See in Westfalen einlud. Ich versuchte erst, ihn abzuwimmeln. Eine Fahrt einfach 500 km, nur für die Predigt. Ob er nicht jemand in seiner Nähe finden könnte. Er ließ sich nicht abwimmeln, er hätte mich im Fernsehen gesehen, und sein Kirchenvorstand wollte es auch. Ich sagte wenig begeistert zu. Schwester Claudia fuhr mich hin, und wir kamen müde und verschlafen an. Der Pastor war unwahrscheinlich beschäftigt, so dass er sicher deshalb vergaß, uns einen Kaffee anzubieten. Viele hundert Leute waren versammelt, eine Blaskapelle und ein junger moderner Chor. Nun zeigten sie mir das Podest, wo ich predigen sollte. Sie hatten das Podest in ein Boot gesetzt und wollten, dass ich ins Boot steige. „Auf keinen Fall", sagte ich. „Das hat Jesus getan, ich bleib an Land!" Mir graute bei der Vorstellung, ich könnte beim Einsteigen kippen. Danach wurde ich zu meinem Platz gebracht. Damit ich den Chor gut sehen konnte, wurde ich direkt in die Sonne gesetzt. Eineinhalb Stunden versuchte ich, mich mit einem Liedblatt vor ihr zu schützen. „Lieber Gott, also heute verlangst Du einiges von mir. Ich muss wirklich verrückt sein." Dann war ich an der Reihe. Ich fing an zu predigen, und während mir die Menge lauschte, fiel mir ein Mann mit längeren Haaren auf, der gerade dazu gestoßen war. Nur einen Moment war er in meinem Blick, dann vergaß ich ihn wieder. Als der Gottesdienst vorbei war, stand dieser Herr aber direkt vor mir. Er schüttelte meine

Hand und sagte: „Ich möchte Ihnen danken. Ich gehöre hier nicht dazu, ich bin fünfzig Kilometer gefahren und hatte Durst, da sah ich die Autos. Wissen Sie, ich wollte morgen was ganz Böses tun. Ich wollte fünf Leute entlassen. Aber das tue ich nach Ihrer Predigt nicht." Und er war in der Menge verschwunden. Da wusste ich, warum ich hier sein musste. Für diesen Einen hatte sich alles gelohnt. Nach vielen weiteren Gesprächen war ich erschöpft und verlangte nach einem Glas Wasser. Der Pastor brachte es mir, Schwester Claudia bekam keines. Wir verabschiedeten uns sofort. Wir mussten wieder 500 km nach Hause fahren.
Auf der Heimfahrt bete ich gerne für die Menschen, denen ich begegnet bin, es sind Unzählige mit so vielen Schicksalen. Oft sind es Eheprobleme, finanzielle Sorgen, Probleme der Gemeinde oder einfach nur die Suche nach Gott. Die Erwartungen der Menschen bringen mich manchmal auch unter Druck. Dann tut es mir gut, dass vor allen in evangelischen Gemeinden immer vorher gebetet wird. Sie beten für die Veranstaltung, für mich als Referentin und dass Gottes Ehre geschieht.
Richtig „Bammel" hatte ich letztes Jahr, als ich die Festansprache für das Bonifatiuswerk zum Auftakt des Diasporasonntags in Deutschland in Köln halten sollte. Unter den Zuhörern befand sich auch Kardinal Meisner. Nachdem wir einen Festgottesdienst im Kölner Dom gefeiert hatten, sollte ich anschließend über unsere Arbeit berichten und über das Thema, wie man mit „Kindern glauben lernt", referieren. Im Gottesdienst hatten Kinder des Domchores gesungen, und anschließend hatten die Leute geklatscht, was dem Kardinal missfiel, wie er nachher äußerte. „Oh je, dachte ich, wenn schon das „Klatschen" ein Problem ist, was wird er dann zu unserem Abenteuerland sagen?" Mir war richtig schlecht. Ich betete, und als ich wieder anfing zu reden, war alle Aufge-

regtheit vorbei. Ich sagte, was ich sagen musste! Ich bekam lange Applaus, und der Kardinal blieb bis nach meinem Vortrag, obwohl er unmittelbar danach zum Flug nach Rom weg musste. Ich erfuhr erst ein halbes Jahr später, als ich mit ihm und anderen Gästen in die Talksendung „Beckmann", anlässlich des Geburtstages von Papst Benedikt, eingeladen war, was er von mir und unseren lebendigen Kindergottesdiensten hielt. Dort lobte er „diese tiefen Kindergottesdienste, die er damals in Köln kennen gelernt hatte". Ein riesiger Stein fiel mir vom Herzen. Nach der Sendung sagte der Kardinal: „Wir zwei ...!", und es war eine herzliche Verabschiedung. Er hatte mich begeistert, auch wenn wir in mancher Hinsicht unterschiedliche Meinungen haben und wohl immer haben werden. Ich hatte ihn ein wenig besser kennen gelernt. Persönlich. Das ist das beste Mittel, Vorurteile abzubauen. Ich bin Gott für so viele Begegnungen dankbar und dafür, dass ich ein wenig von der kostbaren Botschaft seiner Liebe verkünden darf. Die Menschen hungern nach Zuwendung und Anerkennung.

Der Höhepunkt unserer Gemeindearbeit: das 6. Festival

Unser Bistum feiert in diesem Jahr 2007 sein 1000-jähriges Jubiläum, und es war wieder Zeit, ein Kirchenfestival auf die Beine zu stellen. Schon im Herbst hatten wir die Kinder im Abenteuerland auf die Geschichte des Bistums in tollen Gottesdiensten über unsere Bistumsheiligen vorbereitet. Nun galt es wieder, 5 Tage auf die Beine zu stellen, um Menschen die Freude des Glaubens und den erforderlichen Aufbruch in die Zukunft schmackhaft zu machen. Wie in vielen anderen Bistümern wurden nämlich auch bei uns Gemeinden in verschiedene Seelsorgsbereiche zusammengelegt. Niemand blieb verschont, auch wir nicht. Für viele bedeutet das eine große Verunsicherung und finanzielle Einbußen. Wir haben deshalb das Festival: „Go on-Aufbruch in die Zukunft“ genannt. Viele Wochen und Monate verbrachte ich am Schreibtisch mit Vorbereitungen, Telefonaten und Ausarbeitungen. Vom Elisabethmusical von Fabian Vogt bis zum Heilungsgottesdienst für Ältere und Kranke, vom Festgottesdienst mit unserm Erzbischof Dr. Ludwig Schick für unsere Seelsorgseinheit bis hin zum Kindernachmittag mit unserem Bauchredner Patrick Martin, von der Nacht der Lichter bis zum Lobpreiskonzert mit Lothar Kosse und der feierlichen Firmung mit einem Feuerspucker. Ausgefüllte Tage, die viele hundert Besucher täglich in unsere Herz-Jesu Kirche kommen ließen. An die 200 ehrenamtliche Mitarbeiter und Mitarbeiterinnen engagierten sich mit unglaublicher Begeisterung. Wir als Kleine Kommunität waren jeden Tag bis zur Grenze gefordert. Gott sei Dank halfen unsere Eltern und Freunde. Jung und Alt machten das 6. Pegnitzer Kirchenfestival zum Höhepunkt unseres Wirkens hier in Pegnitz. Selbst die Kleinsten, z. B., als „Kirchenmäuse“ verkleidete Kinder meines Kinderchores, wirkten mit und amüsierten unsere Gäste. Und vor allem unsere Jugendlichen waren die „Helden“, die mit einem Bistro und kulinarischen Verköstigungen für tolle Stimmung sorgten. In den fünf vorausgegangenen Festivals gab es immer eine Premiere eines neuen eigenen Musicals. Diesmal kam dies nicht in Frage, weil ich mit meinem 90-köpfigen Team mit meinem achten Musical „Die Bergpredigt“ monatlich ein- bis zwei Mal mit einer Aufführung in einer Gemeinde des Bistums unterwegs bin. Also zum ersten Mal kein neues Musical innerhalb des Festivals.

Zum Glück meldete sich Fabian Vogt wieder, der am Eröffnungsabend zum Kabarett „Duo Camillo“ eingeladen war, dass er auch ein Elisabethmusical aufführen würde, mit seiner Frau und einem Pianisten. Zu dritt! Sofort kam es mir in den Sinn. Und wenn Du uns mitmachen lässt? Wenn Du Chorsätze schreiben würdest? Fabian war begeistert und versprach, für einen vierstimmigen Chorsatz zu sorgen. Ich legte auf und war glücklich. Das wird eine Herausforderung für mein Musicalteam mit den Erwachsenen und Jugendlichen, neben den anderen Aufführungen. Aber was mach ich mit meinen 30 Kindern? Sollten die zum ersten Mal nicht dabei sein können? Nachdem ich eine Probe-CD bekam und das bezaubernde Lied hörte, das Elisabeth über ihre Kindheit sang, schoss es mir in den Kopf: Da könnten meine Kinder in mittelalterlichen Kostümen spielend tanzen. Sofort rief ich Fabian an. Der war wirklich sehr angetan, vor allem als ich mit dem Vorschlag kam, die Kinder könnten zum Schlusslied: „Wir müssen die Menschen fröhlich machen“ mit 500 roten Rosen ins Publikum tanzen und die Rosen verteilen. Dieses Musical war wirklich eines der Höhepunkte des Kirchenfestivals. Ich sah in diesen Tagen Franz manchmal vor Freude weinen, so war er von dieser Begeisterung und dem Engagement seiner Pfarrei überwältigt. Ja, es macht einfach Freude, in einer Gemeinde zu wirken, wo die verschiedenen Gremien einvernehmlich mittun und offen sind und die Hauptamtlichen unterstützen. Mit Unterstützung einiger Sponsoren und den Spenden der Besucher konnte sich das Kirchenfestival selbst tragen, und auch darüber waren wir einfach nur glücklich. Habe ich dies in meinem Buch nicht schon öfter erwähnt? Ich kann nicht anders. Das ist eben mein Leben. Mein glückliches, erfülltes Leben in meiner katholischen Kirche.

Künstler für Christus

Das Kirchenfestival und mein aktuelles Musical waren nicht die einzigen Beiträge zum Bistumsjubiläum. Etwas Besonderes lag mir am Herzen. Vor einigen Jahren wurde ich von Inge Brück, der ehemaligen Schauspielerin und Sängerin, zu Veranstaltungen von „Künstler für Christus" eingeladen. Sie hatte den Verein in den achtziger Jahren gegründet und trat mit namhaften Künstlern auf, die zu ihrem Gesang auch immer Zeugnis von ihrem Leben gaben. Beim Kongress von „Kirche in Not" 2005 in Augsburg wurde ich dazu eingeladen, um mein Lebenszeugnis zu geben. Dort lernte ich die anderen „Stars", wie Katja Ebstein, Maite und Katy Kelly von der berühmten Kelly Family, Mario Argandona, die Schauspielerin Alexandra Wilcke und viele andere kennen. Die Probe war zwar anstrengend, aber wir verliebten uns alle ineinander. Nachdem ich zum zweiten Mal bei „Künstler für Christus" in Meschede eingeladen war, bat ich Inge, ob wir nicht eine solche Veranstaltung auch im Bamberger Dom zu unserem Bistumsjubiläum machen könnten. Eigentlich wollte sie aufhören, aber sie sagte dann doch nach viel Gebet zu. Und die Verantwortlichen meines Bistums waren ebenso begeistert. Selbst der Erzbischof sagte zu, bei diesem musikalischen Glaubenszeugnis mitzuwirken. Die Künstler wollten auf ihre Gage verzichten, und ich versprach, das Organisatorische mit Bamberg zu übernehmen. Und da gab es sehr viel vorzubereiten, vor allem weil die Veranstaltung eine Woche nach unserem Kirchenfestival am Muttertag stattfinden sollte. Und ich schlug vor, ob nicht mein Jugendchor, der „CCK", mitwirken könnte. Inge schrieb ein wunderschönes Lied: „Unterm Sternenmantel" (Das Motto des Jubiläums) für meine Mädchen. Sie sind eines der schönsten Geschenke, das Gott mir machte. Viele der dreißig Mädchen sind seit ihrer Erstkommunion in meinem Chor. Und nun werden sie dreizehn, fünfzehn, achtzehn. Alle vierzehn Tage singen sie im Abenteuerland, obwohl es für jüngere Kinder ist, und viele machen schon das dritte oder vierte Mal in einem meiner Musicals mit. Den Namen „CCK“ haben sie sich selber gegeben, was nichts anderes bedeutet: als „Crazy Church Kids“. Die verrückten Kirchenkinder sind inzwischen Jugendliche und dem Kinderchor „Herzspatzen“ längst entwachsen. Jede Woche treffen wir uns und proben. Ich staune so oft über diese Teenager, die nicht müde werden, Gott zu preisen und mit dieser verrückten Schwester in jedes Abenteuer einzusteigen. In den Herbstferien fliegen wir zusammen nach Rom, eine singende Pilgerreise mit Papstaudienz. Beim Festival haben sie jeden Tag gesungen und ein unglaubliches Engagement gezeigt. Nun sollten sie mit berühmten Künstlern auftreten. Da Inge Brück mehr Erfahrungen und Zeit hatte, übernahm sie die wichtigsten Vorbereitungen, was die Künstler betraf, und ich kümmerte mich um die Technik und die verschiedenen organisatorischen Absprachen in Bamberg. Alle fieberten dem großen Ereignis entgegen. Zur Generalprobe am Samstag ließ ich meine Mädchen nach Bamberg kommen, und dort begegneten sie „echten“ Künstlern. Ich war seit Freitag im Einsatz und sorgte für alle Kleinigkeiten, die Künstler brauchten. Herr Kleiner, der für die Öffentlichkeitsarbeit im Bistum Bamberg verantwortlich ist, übernahm neben dem Generalvikar die Hauptarbeit. Künstler sind eben Künstler, auch wenn wir es hier mit bescheidenen Profis zu tun hatten. Katja Ebstein kam am Schluss zur Probe und hatte den größten Stress, weil sie nach der Veranstaltung am Sonntag gleich nach Köln zurück musste, wo sie bei „Let’s dance“ mit Hape Kerkeling mitwirkte. Nach der kurzen, aber intensiven Probe wurden wir zum Essen eingeladen. Ich liebe diese Künst-

ler, die so gläubig und bodenständig sind und zugleich den Menschen so viel geben können.
Das Glaubenskonzert von „Künstler für Christus" war ein riesiger Erfolg. Über 1000 Besucher lauschten im überfüllten Dom, und ich durfte die Künstler vorstellen und die Andacht moderieren. Sie sangen sich in die Herzen der Menschen und bekannten ihren Glauben. Unser Erzbischof, der die Andacht leitete, fand tiefe und eindrucksvolle Worte, und man spürte, dass auch er von den Künstlern angetan war. Aber was das für meine Mädchen und Marius Müller, den einzigen Jungen, am Piano bedeutete, kann ich gar nicht in Worte fassen. Gemeinsam mit den Künstlern durften sie singen, und dieses Erlebnis wird ihnen unvergessen bleiben. Vor allem auch der anschließende Empfang im Bischofshaus, dem sie auch beiwohnen durften. Sie „quetschten" die Künstler aus und bekamen Autogramme. Der Erzbischof bedankte sich bei allen Mitwirkenden und überreichte den Künstlern und mir ein sehr schönes Kreuz, das von der Diözese zum Bistumsjubiläum gefertigt wurde. Ein tiefes, überwältigendes Wochenende nahm sein Ende.

Der Traum geht weiter

Es vergeht kein Tag, an dem ich nicht spüre, dass Gott Seine Finger in meinem Leben im Spiel hat. Von so vielem könnte ich berichten. Von meinen tollen Kindern im Kinderchor, die mir so viel Freude machen, von meinen Schülern und Schülerinnen, bei denen ein Funke übergesprungen ist, und sie anfangen, Jesus lieb zu haben. Von großartigen Mitarbeitern in meiner Gemeinde, die nicht müde werden, unsere Kirche

bunt und lebendig zu machen. Von den vielen Begegnungen, die mich täglich herausfordern, und den Aufgaben, die kein Ende zu nehmen scheinen. Jeder Tag ist so kostbar und so schnell vorbei. Und ich weiß, dass jeder Tag einzigartig und unwiederbringbar ist. Und das ist auch gut so. Ich möchte keinen zurück. Ich schaue getrost in die Zukunft und frage mich, welche Pläne und Überraschungen Gott für mich und unsere Kleine Kommunität noch auf Lager hat.
Mein Traum wäre ein Evangelisationszentrum „auf Rädern". Ich würde gerne noch mehr Gemeinden meine Hilfe und Erfahrungen anbieten, indem ich eine Zeitlang ihre Kinderarbeit aufbaue oder die Arbeit mit Distanzierten voranbringe und begleite und dann zur nächsten Gemeinde ziehe. Ich könnte mir aber auch vorstellen, ein Restaurant aufzumachen. Mit nur einem Tisch! Einmal in der Woche. Ob zwei oder zwanzig Personen dann kommen, wäre egal. Nur ein Tisch und für sie kochen.
Ich möchte noch das Buch „Abenteuer Christ sein" für den St. Benno-Verlag in Leipzig schreiben, das ich ihm versprochen habe, indem ich fünf kleine Herzensschritte für einen lebendigen Glauben aufzeige. Es ist das Ergebnis eines meiner Vorträge, der zurzeit die Säle füllt.
Ich möchte kein Skateboard mehr fahren, es muss auch kein neuntes Musical geben, denn ich weiß, Gott hat so viele andere Möglichkeiten und Ideen, wie ich den Zauber und die Freude des Evangeliums verkünden kann.
Ich möchte noch ganz vielen Menschen Mut machen, diesen Gott kennen zu lernen und ihm zu vertrauen. Wir Menschen sind ja für Gott der größte Schatz auf dieser Welt. Für uns hat er diese wunderbare Welt geschaffen. Für uns ist er selbst Mensch geworden, um uns nicht unserem Schicksal zu überlassen. Er trägt uns, gibt unserem Leben Sinn und Ziel. Gerade dann, wenn das Leben und manche Menschen

es nicht gut mit uns meinen. Die Botschaft seiner Liebe kann jedes Herz verwandeln, denn Gott gibt niemanden auf.
Ich möchte mir die Freude und Leidenschaft für meine Kirche von niemandem vermiesen lassen. Ich weiß, dass wir nicht perfekt sind und Fehler machen, aber wir machen auch vieles gut und sind da, wenn Menschen uns brauchen.
Ich möchte, dass wir unsere Welt bewahren und menschenfreundlicher machen, und das jeden weiteren Tag in unserem Leben.
Und ich möchte auch weiterhin so verliebt sein in Gott wie seit der ersten Nacht, in der er mein Leben veränderte.

LAUDATIO ZUR VERLEIHUNG DES KULTURPREISES

Verleihung des Kulturpreises an Schwester Teresa Zukic

Achtung, Dank und Anerkennung, die der Landkreis Bayreuth seinen Kulturschaffenden gegenüber zum Ausdruck bringt, werden auch durch die Verleihung des Kulturpreises sichtbar, den wir heuer zum 25. Mal vergeben. Wir gehen dabei durchaus neue Wege, nachdem wir in den letzten Jahren mit Marga Neuner eine Poetin der zu Herzen gehenden Empfindungen des einfachen und doch reich erfüllten Lebens, mit Hans Ernst einen Maler mit eigenem Stil und Technik und mit Jan Burdinsky einen vitalen und einfallsreichen Schauspieler und Regisseur ausgezeichnet haben.
Der Kreistag hat auf meinen Vorschlag einhellig Schwester Teresa Zukic aus Pegnitz mit dem Hauptpreis des Kulturpreises gewürdigt und dabei zugleich die Brücke zwischen Kultur und Glaubensvermittlung zu schlagen versucht. Schwester Teresa hat in ihrem engagierten Wirken die Kulturformen der Musik und der Gegenwartsliteratur, aber auch die Art der theatralischen Vermittlung, der persönlichen Präsentation voll in den Dienst einer ansteckenden Vision von und für Kirche gestellt.
Schon zu allen Zeiten haben berühmte Künstler – Maler, Bildhauer, Musiker und Dichter – das Innerste der Menschen erschlossen, um Glauben aufnehmen und emotional empfinden zu können. Schwester Teresa tut es auf ihre, auf eine unkonventionelle, auf eine verständliche, manchmal vielleicht auch provozierende Weise.

In Kroatien geboren, seit 1971 wohnhaft in Weinheim in Deutschland, ist ihr Leben alles andere als eintönig verlaufen. Schon auf sportlichem Gebiet machte sie sich früher einen Namen, war hessische Meisterin am Schwebebalken und als badische Meisterin im Mehrkampf erfolgreich. Wirtschaftsgymnasium, Abitur und ein soziales Jahr schlossen sich an, ehe sie Ordensschwester bei den Vinzentinerinnen in Fulda wurde. Ihre Zielsetzung war stets, ganz nahe am Menschen zu sein, Schwachen und Hilfebedürftigen zur Seite zu stehen. So absolvierte sie zusätzlich eine Ausbildung zur Altenpflegerin, der sich ein Studium der Religionspädagogik anschloss.

Schwester Teresa fand nach ihren eigenen Worten den Weg zum Christentum über die Bergpredigt, die sie im Alter von 19 Jahren elektrisierte und über Nacht veränderte. Den Vinzentinerorden hat sie nach neun Jahren intensiven Mühens verlassen, weil er ihr in der Abgeschlossenheit und Ritualität der Klausur doch zu weit weg von den Menschen war und sie den Kontakt lieber direkt zu diesen suchen wollte. In Pegnitz gründete sie nach kurzer Zeit als Gemeindeassistentin die Kleine Kommunität der Geschwister Jesu mit der Zielsetzung: Gemeinde aufbauen, Freundschaft mit den Menschen leben und Gott in allen Dingen suchen und finden. Seit 10 Jahren ist sie nunmehr hier tätig, initiiert und fördert getreu dem Motto „nur lebendige Menschen machen eine lebendige Kirche“ mit ihren kulturellen Aktivitäten und ihrer Kreativität das Glaubensleben. Dass es dabei vor allem zu Beginn auch zu Auseinandersetzungen, zu Missverständnissen und Anfeindungen gekommen ist, will ich nur am Rande erwähnen.

Schwester Teresa scheute sich schließlich nie, selbst Aufsehen erregende Mittel zu nutzen, um ihr Ziel zu erreichen. Sie hat hohe Medienpräsenz erlangt, ohne diese jemals zur bloßen Selbstdarstellung verkommen zu lassen. So sah man sie in Fernsehsendungen in Schwesternkleidung auf dem Skateboard fahrend, in Talkshows debattierend, aber auch tanzend und steppend. Zahlreiche Buchveröffentlichungen wie „Rose und Wolke“, „Die kleine Nonne“, „Das Skateboard Gottes“ oder „Liebe Kirche, hör mal zu“ sind durch sie entstanden. Gerade im letzten Büchlein hat sie in ihren fiktiven Briefen an Große und Kleine, an den Papst und die Bischöfe, an die Jungen und die Alten, an die Zweifler und die religiösen Routiniers, sogar an den lieben Gott, offene Worte, selbst der Kritik, gefunden und den bisweilen fehlenden Raum für die Spontaneität des Geistes beklagt, da im kirchlichen Leben zu viel schon durch Konzepte und Traditionen festgelegt sei.

Bundesweite Fernsehsender haben über sie als brillante Komponistin von Rockmusicals berichtet, die an zahlreichen Kirchentagen aufgeführt und vielfach wiederholt wurden und das wiedergeben, was die Gitarre spielende und singende Schwester auszudrücken versucht, nämlich begeisternd und authentisch im Wissen zu sein, eine große Botschaft des Glaubens und des Lebens in einer lebendigen Kirche zu vermitteln.

Mit den Musicals „Kloster er-Leben“, „Ansteckungsgefahr Gott“, „Herz los“, „Wir stehen auf Kirche“, „Die Bergpredigt – Seliges und Unseliges“, „Gottes Menschwerdung“ und „Ekklesia“ hat sie auf Kirchentagen, erstmals 1992 in Karlsruhe, als sie noch dem Vinzentinerinnenorden angehörte, Furore gemacht. So hat die Frankfurter Allgemeine Zeitung in einem Kommentar damals zu ihrem Musical „Kloster er-Leben“ geschrieben, dass dies die deutsche Antwort auf den kurz danach erschienenen Film „Sister Act“ gewesen sei. Sie hat dieses Musical in nur 3 Tagen getextet und komponiert. Das Musical von der Bergpredigt wurde auf dem Evangeli-

schen Kirchentag in Stuttgart 1999 und dem Katholischen Kirchentag in Hamburg 2000 aufgeführt und hat Tausende von Menschen ergriffen. Die ökumenischen Kirchenfestivals in Pegnitz geben von diesen Werken ebenso Ausdruck, wie z.B. ihr letztes Musical „Ekklesia“ mit dem Untertitel „Der Traum von dem, was Jesus wollte, geht weiter“, das im Bamberger Dom und im Altenberger Dom zu Köln aufgeführt wurde. Viele haben sich von den in neuzeitlicher musikalischer Form gesetzten Fragen an die Kirche und ihre Erscheinungsformen faszinieren lassen. Die bei ihren Aufführungen beteiligten Darstellerinnen und Darsteller, darunter auch Menschen mit Behinderungen, haben großartige Gemeinschaftserlebnisse vermittelt und selbst erfahren.
Doch es geht weiter:
Pläne für den kommenden Kirchentag sind von ihr bereits erarbeitet; ihr nächstes Buch wird im Frühjahr 2005 erscheinen und ist in diesen Tagen fertig gestellt worden. Darüber hinaus ist sie als unermüdlich Schaffende in zwei Drittel der 300 Gemeinden des Bistums Bamberg vorstellig geworden, hat Besinnungstage für Ärzte, Frauengemeinschaften, Pfarrgemeinderäte und pastorale Mitarbeiter veranstaltet, hält Vorträge und Managementseminare, findet zusätzlich auch noch Zeit zum Malen. Für sie ist frei nach Johann Wolfgang von Goethe die Kunst eine Vermittlerin des Unaussprechlichen.
Sie hat neue Gottesdienstformen entwickelt. So füllen Kinder und Jugendliche 14-tägig während ihrer Sonntagsmessen, die unter dem Titel „Abenteuerland“ speziell auf die junge Generation zugeschnitten sind, die Herz-Jesu-Kirche in Pegnitz bis auf den letzten Platz. Dabei gelingt es ihr immer wieder, Laienspieler aller Altersgruppen, Sänger und Instrumentalisten gekonnt zu Ensembles zu formen, die die Botschaft Jesu mit Begeisterung verkünden. „Das stärkt das Gemeinschaftsgefühl und wirkt wie ein Glaubenskursus im

Schnelldurchgang", sagt Schwester Teresa, die ebenso maßgeblich am Aufbau eines Gemeinde- und eines Kinderchores beteiligt war. Seit 5 Jahren bietet sie unter dem Namen „Go-X – der Gottesdienst, der extra anders ist – bewusst Gottesdienste für Kirchenferne an. Es ist nach ihrer Meinung hohe Zeit für die Kirchen, sich distanzierten und suchenden Menschen zu öffnen, ihnen immer wieder entgegenzugehen.
Schwester Teresa bedient sich dabei stets einer klaren, nicht verletzenden, aber offenen und der Jetztzeit zugewandten Diktion von Wort und Ton. Ihre Bücher lesen sich leicht und direkt; ihre Sprache ist ungekünstelt und frei, zielorientiert und zielgerade zum Herzen gerichtet. Sie spricht dabei Klartext, wenn sie von ihrem wahrlich nicht einfachen Weg berichtet. Und sie schreibt: „Unsere Sprache ist etwas Wunderbares und Kostbares. Wie viel Kraft und Liebe könnten wir in unsere Worte legen und mit überflüssigem Gerede sparsamer umgehen."
Ich meine, Schwester Teresa gelingt es eindrucksvoll, das in unserem Kulturraum oftmals kontrovers diskutierte Thema der Wechselwirkung von Kultur und Glaube auf einen tragfähigen, einen verständlichen, einen selbstbewussten und modernen Nenner zu bringen und es als einen für alle Seiten erlebbaren Gewinn zu vermitteln. Sie stellt ihr kulturelles und künstlerisches Talent in den Dienst der Kirche und des Glaubens in unserer Zeit, für die Gestaltung des Lebens in der Gesellschaft. Für sie ist es zwingend, dass die Kirche zur Diskussion bereit ist und sich auf das Gespräch mit der Kultur einlässt. Dies wird in Pegnitz im ökumenischen Sinne in bewegender Weise immer wieder deutlich.
Wollte man Schwester Teresas Wollen und Wirken in einem Begriff plakativ zusammenfassen, so würde ich am ehesten bei Hildegard von Bingen Anleihe nehmen, die einst als „Posaune Gottes" bezeichnet wurde.

Wir haben ihr kulturelles Bemühen ganz bewusst gewürdigt; dieses unbedingte Vorwärtsdrängen, um mit dem Einsatz ihr gegebener besonderer Mittel in einer virulenten Zeit Glaube als Mitte eines erfüllten Lebens behaupten zu können. Dabei weiß Schwester Teresa sehr wohl und bringt es immer wieder zum Ausdruck, dass die menschliche Seele nicht einfach unbegrenzt belastbar ist, nicht doktriniert und konventionalisiert werden darf, sondern auch aufschreien kann. Sie hält eine christliche Gemeinde für eine nie versiegende Quelle guter Ideen, wenn die Menschen selbst mit ihren Gedankengängen und Verbesserungsvorschlägen beachtet und zur Mitarbeit ermutigt werden. Ihren eigenen christlichen Werdegang beschreibt sie so: „Bevor ich Christin wurde, war mein Leben wie ein lebenslustiges Lied. Seit ich Christin bin, ist mein Leben eine Symphonie." Gibt dies nicht Hoffnung auch denen, die abseits stehen?
Schwester Teresa hat sich auf ihre unnachahmliche Art, die kaum verbal zu beschreiben ist, große kulturelle Verdienste erworben. Der Kreistag Bayreuth hat ihr einstimmig den Hauptpreis des Kulturpreises verliehen. Die Urkunde hat folgenden Wortlaut:
„Der Kreistag Bayreuth verleiht Schwester Teresa in Anerkennung ihrer besonderen Verdienste auf dem Gebiet der Musik und Gegenwartsliteratur den Kulturpreis – Hauptpreis des Landkreises Bayreuth."

Dr. Klaus-Günther Dietel